日韓関係の危機をどう乗り越えるか？

植民地支配責任のとりかた

戸塚悦朗　著

安重根の遺墨「獨立」　龍谷大学図書館蔵

JN091989

アジェンダ・プロジェクト

目　次

はじめに　　　1

第1章　日韓関係の危機の真因　　　5

本来は民間の民事事件／安倍首相の真意／理解できない謎／国会で起きたこと

第2章　植民地支配責任とは？　　　13

大法院判決の主柱／日本政府の立場

第3章　言葉の魔法？　　　29

「不法な植民支配」判断の重要性／論点のすり替え

第4章　植民地支配が「不法」なワケは？　　　35

＜1905年11月17日付の「日韓協約」は存在しない＞／この研究の派生効果

第5章　記録（記憶）が消えてゆく　　　41

歴代政権の歴史認識の深化／安倍政権の植民地支配に対する沈黙／

菅直人首相談話（2010年）はどこへ？／歴史の忘却の時代と菅義偉政権／

それではどうすべきなのか？

第6章　過去を未来につなぐには　　　45

「記憶・責任・未来」基金／過去を未来に引き継ぐ思想の共有／日本の潜在力

への期待／あらたなアプローチ／安重根義軍参謀中将の遺墨との出会い／石碑

が問いかけているもの／安倍晋三首相による戦後70周年談話（2015年）／応

答責任を果たす／持つべき心構えとは？

あとがき　　　64

資料　　　66

はじめに

　筆者がなぜこの本を書くことになったのか、その経緯を簡単に紹介したいと思います。

　筆者は、1992年2月には日本軍「慰安婦」を「性奴隷」として国連人権委員会に提起しました。そのため、この問題に関して、国連を舞台として日本政府との間で法的論争を継続することになりました 。日本政府がどのような法的権限にもとづいて、朝鮮半島の女性を軍「慰安婦」として動員することができたのかについて法的根拠を研究する必要に迫られたのもそのためだったのです。しかし、軍「慰安婦」制度を設置する根拠法としての国内法規がどうしても見つかりません。保守派や一部政治家の主張とは異なり、「慰安婦」制度は公娼制を規制した国内法規の適用範囲外で、法外の秘密制度だったのです。

　そこで、より上位の基本法を検討する必要性があると考え、植民地支配法制の根源となった 1905 年韓国保護条約およびそれをもとにした 1910 年韓国併合条約の効力の研究を始めることになりました。ロンドン大学客員研究員当時の 1992 年秋でした。1905 年韓国保護条約は効力を発生していない絶対的無効のものだとした1963年の国連総会向け国連国際法委員会（ILC）報告書をロンドン大学高等法学研究所（IALS）の図書館で「発見」し、とても驚きました。同年 11 月 18 日国連総会は、この報告書に留意し、特に国際法委員会の条約法条約起草に関する仕事に感謝の念を表しました。この事実は、国連に未加盟だった大韓民国でも朝鮮民主主義人民共和国でも知られていませんでした。日本でも一般には知られていなかったのです。それを直ちに日本社会に紹介することは、厳しい「タブー」に触れ、激しい抵抗を受ける可能性があることを知って、困惑してしまいました。

　この ILC 報告書の内容と「慰安婦」問題の関連についての考察は、1993 年に国連 NGO である国際友和会（IFOR）を通じて、国連人権委員会に文書（英文）を提出して報告しました。IFOR による国連への報告は、毎日新聞や The Japan Times などメディアにも報道されました

し、日本の国会でも論議されることになりました。この頃から、日韓の研究者の間で、日韓の旧条約の効力問題に関する、論議が活発に展開されるようになったことは歓迎すべきことでした。

これで、植民地支配についての「タブー」が破れて、研究と論議が進むだろうと期待していました。ところが、案に相違してそのような順調な展開がなかったのです。なぜなのかは未だによくわかりません。日本の社会ではこの植民地支配問題は、なおも「タブー」であり続けたのです。

筆者自身も、そのような「表現の不自由」な雰囲気を感じとっていましたので、研究活動が活発ではなかった（残念ながら、「勇気がなかった」と言うべきでしょうか）ことを告白せざるを得ません。今は、そのことを反省しています。とても恥ずかしいことですが、1992年の「発見」について、なんと16年後の統監府100年を機に、やっと学術誌である『龍谷法学』に論文[1]を発表するというありさまだったのです。

2010年韓国併合100年を迎えるに先立って2008年10月、民間の市民運動・「韓国併合」100年市民ネットワークが創設されました。筆者も、共同代表の一人としてこの運動に参加したことが契機になり、研究がもう一段階発展しました。

次のような事情も研究活動が活発になった理由の一つでした。当時の勤務校であった龍谷大学（京都市）の深草学舎図書館に安重根義軍参謀中将の「遺墨」が保管されていたのです。この「遺墨」との偶然の出会いから、安重根義軍参謀中将の裁判の不法性の研究を始めることになったのです。幸いなことに、そのことが契機になり、しばしば韓国での国際学会に招かれるようになりました。こうして、日韓旧条約、とりわけ1905年11月17日付の「日韓協約」についての研究がより深まって行きました。ずいぶん遅れましたが、2018年10月にその研究[2]がやっとまとまりました。研究に着手してから26年ぶりのことでしたが、この

---

[1] 戸塚悦朗「統監府設置100年と乙巳保護条約の不法性 ── 1963年国連国際法委員会報告書をめぐって ── 」『龍谷法学』第39巻1号、2006年6月、15-42頁。
[2] その成果のまとめは、戸塚悦朗『歴史認識と日韓「和解」への道 ── 徴用工問題と韓国大法院判決を理解するために』（日本評論社、2019年）として刊行しました。

最終段階の遅れは、筆者の学問的な能力が足りなかったためでした。

その直後、2018年10月30日に韓国大法院が戦時強制動員被害者を勝訴させる判決を言い渡したのです。その判決文を読んでみて、その核心が「不法な植民支配」という判断にあったことに気づきました。

このことから、「もはや、植民地支配の不法性の問題を論議することを抜きには日韓関係の改善はあり得ないのではないか？」と思うに至ったのです。

そこで、この判決についての日本社会の理解を深めていただくために、『「徴用工問題」とは何か？――韓国大法院判決が問うもの』（明石書店、2019年）を出版しました。

安倍首相が辞任し、2020年9月菅義偉政権が誕生しましたので、日韓関係の好転への期待が生まれました。11月3日の米国大統領選挙の結果、国際協調主義を唱える民主党のバイデン元副大統領が当選したことも日韓関係に好ましい変化をもたらす可能性があります。韓国からは、次々と要人が日本に派遣されていて、日韓関係の立て直しのために、日韓の高官協議が繰り返されているだけでなく、11月14日のテレビ会議方式で行われた東南アジア諸国連合（ASEAN）と日中韓の首脳会談で、韓国の文在寅大統領は菅氏だけ名前をあげて呼びかけたということです[3]。これらが日韓関係の急速な改善という成果を上げることができれば、それが望ましいと考えます。

しかし、安倍晋三政権の政策を継承するとして首相の座を射止めた菅義偉新首相の対韓政策は、前安倍政権時代からの負の遺産をも継承しているのです。私は、以下のような問題点を考慮しておく必要があると考えます。

韓国大法院判決を受けて、安倍首相は、国会答弁などで展開した「論点のすりかえ」の手法で、1965年日韓請求権協定違反による日本の被害を前面に立てて、韓国が条約違反の加害者であると非難しました。日韓関係を緊張させることで、2019年7月の参議院選挙を乗り切ろうと

---

[3] 朝日新聞2020年11月22日（朝刊14版）「韓国、対日関係立て直し　バイデン政権にらみ南北対話戦略　元徴用工問題なお壁」。

したのではないでしょうか。しかし、「論点のすりかえ」の手法の結果、戦時強制動員問題の核心（植民地支配責任の問題）を見失った日本は、日韓関係の改善の手がかりをみつけることができないままに袋小路に入り込んでしまったのです。

　この出口のない袋小路から抜け出すにはどうしたらよいのか？　それを読者と共に模索しようと本書を執筆したのです。

2021 年 3 月 26 日　　さいたま市自宅にて

第1章　日韓関係の危機の真因

　韓国人である戦時強制動員被害者による日本企業に対する慰謝料請求を韓国大法院判決（2018年10月30日）が認容したことは、日本に衝撃を与えました。それは事実です。しかし、日韓関係の危機が「1965年の国交正常化以後最悪」と言われるほど大きくなってしまったのは、判決が原因なのでしょうか？　筆者から見ると、それだけではどうしても説明がつかないのです。今から思うと、「これは安倍政権によって人為的に創られた危機だったのではないか？」という仮説を唱えざるを得ないのです。

本来は民間の民事事件
　大法院判決は、民間人と民間企業の間の民事事件に関する紛争だったのです。ですから、本来政府が出る幕はなかったのです。
　韓国では文在寅大統領はじめ行政府は、三権分立の立場から、司法の判断を尊重するとしています。むしろ、日本政府、企業・財界、メディア、市民は、2018年大法院判決を契機にして日韓和解への道を開くことができたはずだったのです。元「徴用工」問題に関する韓国大法院判決に対する日本の弁護士有志声明（2018年11月5日）[4]が出されています。この弁護士有志声明は、その末尾で、次のように呼びかけていることに注目してください。

　　　例えば中国人強制連行事件である花岡事件、西松事件、三菱マテリアル事件など、訴訟を契機に、日本企業が事実と責任を認めて謝罪し、その証として企業が資金を拠出して基金を設立し、被害者全体の救済を図ることで問題を解決した例がある。そこでは、被害者個人への金員の支払いのみならず、受難の碑ないしは慰霊碑を建立し、毎年中国人被害者等を招いて慰霊祭等を催すなどの取り組

---

[4] 前掲『「徴用工問題」とは何か？』（巻末資料1）参照。

みを行ってきた。

　新日鉄住金もまた、元徴用工の被害者全体の解決に向けて踏み出すべきである。それは、企業としても国際的信頼を勝ち得て、長期的に企業価値を高めることにもつながる。韓国において訴訟の被告とされている日本企業においても、本判決を機に、真の解決に向けた取り組みを始めるべきであり、経済界全体としてもその取り組みを支援することが期待される。

　日本政府は、新日鉄住金をはじめとする企業の任意かつ自発的な解決に向けての取り組みに対して、日韓請求権協定を持ち出してそれを抑制するのではなく、むしろ自らの責任をも自覚したうえで、真の解決に向けた取り組みを支援すべきである。

　もし、日本政府がこの声明の呼びかけに応えて、被害者と日本企業の話し合いによる解決を容認していたなら、2021年の今頃には当事者同士が円満な和解解決を実現したに違いありません。ですから、大法院判決が日韓関係の危機の本当の原因だったとは考えにくいのです。

安倍首相の真意

　ところが、なぜか、安倍政権が1965年請求権協定による解決済み論を盾にとって、あえて経済制裁まで加えて韓国に対抗したことから、国家間の紛争になってしまったのです。当時の安倍首相の対応が問題を不必要にこじれさせてしまったのです。例えば、彼は本判決に対して「韓国政府が何もしない」となじったわけですが、これは感情的なものだったのではないかという見方もあると思います。

　しかし、「徴用工問題」の2018年10月大法院判決への安倍首相の対応は、「感情的」とも言えないのではないでしょうか。韓国併合は日露戦争の結果でもあるわけですが、後述しますように、安倍談話＝戦後70年談話（2015年）にあらわれている歴史認識は、この戦争を栄光の歴史と見ていて、日本の植民地主義政策への反省も批判的視点も欠けています。この点で、伝統的な自民党の中にあった植民地支配に対する後ろめたさの感覚が薄いのでしょう。そのうえ、戦争責任問題は、すべてサ

ンフランシスコ平和条約体制とそれに基づく1965年日韓基本条約・日韓請求権協定で完全に解決済みであるという歴史認識にとらわれています。安倍首相は、「確信」にもとづいて韓国大法院判決と韓国政府を非難したのだと思います。

　さらに、2019年7月の参議院選挙を数カ月後に控えていたという政治的なタイミングがキーポイントだった可能性があると思います。「拉致問題」で朝鮮民主主義人民共和国政府を非難したり、「慰安婦」問題や「徴用工問題」などで大韓民国政府を非難したりすれば、選挙で票が増えるという安倍首相なりの政治的経験が背景にあったのではないでしょうか。その視点から言えば、韓国に対して強硬姿勢をとって日韓関係を緊張させ、超保守化した世論をあおった方が選挙に有利という政治的判断があったと考えられるのです。

　一般論で言えば、友好的な国際関係を構築するということは、重要な国益です。しかし、安倍首相にとっては、米国との関係さえ安定していればよいのであって、それ以外の国際関係は二の次だったのです。それ以上に、国政選挙に勝利し続けることが政権維持のための最大の政治課題だったわけです。事実、安倍首相は、参議院選挙に勝利して長期政権を維持できました。そうだとすると、とても「冷静」な対応だったと思われます。

　しかし、もう少し視点を変えてこの危機の本質をさらに掘り下げて考察すると、もっと深い問題が見えてきます。大法院判決は、日本に何を問いかけているのでしょうか？　その核心について十分な理解が日本に不足していることに注目すべきです。そのような理解不足が、なぜ起きているのか？　という難題を解く鍵が見つからないことこそが危機の真因だと考えます。筆者は、その鍵は、植民地支配の不法性の問題にあるのではないかと思うのです。

理解できない謎

　筆者には、植民地支配問題については、どうしても理解できない謎があったのです。

　「はじめに」で少し述べましたが、ロンドン大学の客員研究員当時の

1992年秋のことでした。ロンドン大学の図書館で、国連国際法委員会（ILC）の1963年の総会宛て報告書を見つけ、その中に1905年11月17日「韓国保護条約」が絶対的無効であるとする記載を「発見」しました。これをもとに、日韓旧条約はすべて合法だったという日本政府見解、つまりは日本の常識を覆す重大な結果につながる論文案を書きました。日本の親しい二人の識者に原稿を送って意見を聞いたのです。ところが、「もし実名入りで論文として日本で公表すると、テロの被害を受ける可能性がある」という強い警告を受けてしまいました。それだけ日本では知られていなかった「不都合な真実」の暴露につながる衝撃的な情報だったのです。

　そこで、きわめて慎重な方法で、1993年から少しずつ表に出すという方針をとるようにしました。

　今、このときのことを思い出しますと、「なぜこんなことになってしまったのだろうか？」と首をかしげて考え込んでしまいます。貴重な「発見」を実名で公表すると危害を加えられる可能性があるということだったのです。このような日本社会の反応は、当時の筆者にとっては、とても不思議なことでした。ロンドン大学留学中で、日本社会の雰囲気から相当遠ざかっていたこともあるのかもしれません。

　ロンドン大学（LSE）の大学院では、博士論文提出は、①これまで知られていなかったことについての「発見」を証明するか、あるいは、②これまで一般に信じられていた定説が実は間違いだったと論証するか、という二つの場合に可能になるということでした。たとえば、それまで知られていなかった新しい天体（ブラックホールのような）の発見を証明するとか、それまで正しいと信じられていた天動説が誤りで、実は地動説が正しいということを論証するなどがその実例になると思います。自然科学でも社会科学でも、学問の進歩はこのようなオリジナルな研究を積み重ねることで進んでゆくということが（英国では）学問的世界の常識になっています。

　そのような学術的な基準から言えば、筆者の「発見」は、研究の進め方次第では博士論文の執筆の端緒にもなり得る貴重な「発見」ではないか？　筆者にはそう感じられたのです。ところが、そのような研究発表

は、英国では推奨されているのに、日本では、「タブー」になっていて「危険だ」というのです。

よく考えれば、ヨーロッパでも、日本でも、どんなに正しい研究成果を得ても、それを発表すること自体が非常に危険で困難だった時代がありました。ヨーロッパでは、ガリレオ・ガリレイが地動説を発表し、宗教裁判によって有罪判決を受けて処罰された事例があります。日本では、戦前のことですが、美濃部達吉教授が天皇機関説を唱えて東京帝国大学から追放されるという事件が起きました。これらのことは、今では多くの人々がよく知っている歴史上の事実です。

読者に留意していただきたいことがあります。筆者は、「不都合な真実」を排斥しようとする極端な保守派の人たちや政府関係者から脅迫されたのではありませんでした。筆者に「論文を実名で直ちに公表しないように」と警告してくれた識者は、筆者と親しい方々でした。ですから、筆者に意地悪をしたわけではないのです。筆者の安全を心から心配して、日本の事情にすっかり疎くなってしまっていた筆者に助言してくれたのです。

日本には、植民地支配の不法性を指摘する研究を自由に公表できる雰囲気がなかったことは、間違いないのです。それはいったいなぜなのでしょうか？

国連や国会での論議とその報道のおかげですが、その後、旧条約の効力について研究を進めだした研究者の方たちが何人かおられました。筆者は、そのような学界の動きがより発展して、植民地支配の不法性の問題も遠からず解明されるものと、期待していたのです。ところが、案に相違して、研究が深まってゆかなかったのです。熱心な日本人研究者の方たちの研究が中途で挫折し、研究発表を中止するというような事例も出てきました。なぜ、植民地支配の不法性については、日本では学問的な研究が進まないのでしょうか？　これも良く理解できないことでした。

筆者は、弁護士でしたが、2000年4月に国立大学の教員になるにあたって、弁護士登録を取り消しました。法律で兼職が禁止されていたからなのです。しかし、その後も、友人の弁護士たちを通じて、日弁連の

重要な動向は折に触れて知ることができました。

　韓国併合100年の年であった2010年には、日韓の弁護士会の連携についてとても重要な前進があったのです。2010年12月に日弁連と大韓弁協の共同宣言が出されました。この宣言（第1条）のなかで、日弁連と大韓弁協は、「われわれは，韓国併合条約締結から100年を経たにもかかわらず，日韓両国及び両国民が，韓国併合の過程や韓国併合条約の効力についての認識を共有していない状況の下で，過去の歴史的事実の認識の共有に向けた努力を通じて，日韓両国及び両国民の相互理解と相互信頼が深まることが，未来に向けて良好な日韓関係を築くための礎であることを確認する。」と謳っていたのです。

　宣言から10年後になって、日弁連は、「徴用工問題」等の解決を考えるに当たり、改めて日本の朝鮮半島に対する植民地支配について考えるための連続講座（会員向け）を企画することになりました。韓国併合110周年になる2020年8月から12月まで5回の講座が開かれましたが、実り多いものでした。しかし、「過去の歴史的事実の認識の共有に向けた努力」を約束してから後の10年間には、この合意は実行されませんでした。なぜかよくわからない事情で、これまでそのための努力が必ずしも十分に行われてこなかったのです。

　「弁護士は、基本的人権を擁護し、社会正義を実現することを使命とする」と弁護士法第1条は弁護士に重い課題を負わせています。しかし、そのような使命にもかかわらず、弁護士も、日弁連も、日本社会の一部ですから、日本社会の雰囲気からも、「タブー」からも完全に自由であることは困難なのでしょう。

　戦前からの日本社会が持つ雰囲気の連続性は、学問の自由や表現の自由を定めた日本国憲法によっても断ち切れなかったのです。それは、今日では、ヘイトスピーチ問題や「あいちトリエンナーレ」での「表現の不自由展」問題などに表れています。おそらく日本だけではなく、世界各地で起きている問題との関連性もあるでしょう。これらのよく理解できない問題が、実際は何なのか？　研究し続ける必要があると思います。

　その中で、これまでに、はっきりとわかってきたことがあります。

　植民地支配の不法性の問題に取り組むことは、日本ではとても困難で

あり続けてきたという事実です。しかし、今日、日弁連の動向などにも見られるように、少しずつ取り組みが始まっていることも、また事実なのです。

　それでは、「国権の最高機関」（憲法41条）である国会ではどうなっているのでしょうか？

国会で起きたこと

　日本の国会では質問に正面から答弁しない「論点のすり替え」論法が全盛を極めています。問題の本質をすり替えられてしまうと、核心が隠されてしまいます。

　大法院判決への対応でもこの手法によって問題の本質（植民地支配責任）が隠されてしまったのではないか？　と思うのです。

　2018年11月1日の衆議院予算委員会での安倍首相答弁は、「アベノマジック」（論点のすり替え手法）そのものでした。安倍首相は、2018年韓国大法院判決が問う植民地支配責任の問題を、「ことば」によって、もののみごとに消し去ってしまったのです。その詳細は第3章で述べようと思います。

　筆者は、日本社会の雰囲気だけでなく、為政者の「ことば」による人為的なPR戦術によって、植民地支配責任の問題が見えなくなっている現状こそが日韓関係の危機の真の原因なのではないか、と思うのです。

　それでは、消し去られた植民地支配責任とは何か？　それは、日本では、安倍政権によって見えないように誘導されてしまいましたので、再発見する努力が要ります。いったい、植民地支配責任とはどのようなものなのでしょうか？　それがはっきりと見えるようにする必要があります。

第2章　植民地支配責任とは？

　2018年大法院判決の主柱は、「日本政府の韓半島に対する不法な植民支配（判決の表現）」とする規範的判断なのです。これは韓国憲法（国内法）の解釈から導かれました。判決文を熟読すれば、大法院がこの「不法な植民支配」という判断を大前提としてほとんどすべての重要な判断を導き出していることがわかります。

　筆者は、その論旨を国際法の視点から考察し、前掲『「徴用工問題」とは何か？──韓国大法院判決が問うもの』（明石書店、2019年）を出版しました。まず、同書を活用しつつ、判決の論旨を見てみましょう。

大法院判決の主柱

　大法院判決は、日本の植民支配は不法だったと判断したことについて、以下のように説明しています[5]。それは韓国の憲法の解釈から導きだされています。法律問題ですから、少しわかりにくいかもしれませんが、じっくりと読んでみてください。

① 日本判決を承認するかどうか

　2018年大法院判決は、韓国人である強制労働被害者（原告）を勝訴させた下級審判決に対する日本企業（被告）による上告理由第1点についての判断の中で、次のように言っています。

> 本件日本判決が日本の韓半島と韓国人に対する植民支配が合法的であるという規範的認識を前提に日帝の「国家総動員法」と「国民徴用令」を韓半島と亡訴外人と原告2に適用することが有効であると評価した以上、このような判決理由が含まれる本件日本判決をそのまま承認するのは大韓民国の善良な風俗やその他の社会秩序に違反する

---

[5] 前掲拙著『「徴用工問題」とは何か？』からの引用（139-140頁）。

だからこそ、日本判決は大法院によって承認されなかったのです。

　これを言い換えてみますと、大法院判決は、日本の韓半島と韓国人に対する植民地支配が不法であると判断していることになります。

② 請求権協定で原告の強制動員慰謝料請求権が消滅したかどうか
　さらに、上告理由第3点の判断の中では、大法院判決は、

> 本件で問題となる原告らの損害賠償請求権は日本政府の韓半島に対する不法な植民支配および侵略戦争の遂行と直結した日本企業の反人道的な不法行為を前提とする強制動員被害者の日本企業に対する慰謝料請求権（以下「強制動員慰謝料請求権」という）である

と言っています。ここでも、

> 「日本政府の韓半島に対する不法な植民支配」

と言っているのです。日本が認めなかった「不法な植民支配」の問題だったからこそ、原告の強制動員慰謝料請求権が日韓交渉で協議されなかった問題であり、消滅していない問題だと判断されました。

　これらを見ますと、大法院判決が、日本の韓半島と韓国人に対する植民地支配が不法であると判断していることは間違いありません。そして、この点こそが、大法院判決の結論を導く決定的な核心的な理由になっていると考えられます。

③ 2012年大法院判決による「不法な植民支配」判断
　実は、大法院判決が植民地支配を不法だと判断したのはこれが初めてではなく、2012年大法院判決（差し戻し判決）が採用した韓国の憲法

解釈から導いた国内法を法的根拠とする以下のとおりの判断[6]を踏襲したのです。

　　しかし、大韓民国制憲憲法はその前文で「悠久の歴史と伝統に輝く我ら大韓国民は己未三一運動により大韓民国を建立し、世の中に宣布した偉大な独立精神を継承し、いま民主独立国家を再建するにおいて」と述べ・・・また現行憲法もその前文で「悠久な歴史と伝統に輝くわが大韓国民は三・一運動により建立された大韓民国臨時政府の法統と不義に抗拒した四・十九民主理念を継承し」と規定している・・・このような大韓民国憲法の規定に照らしてみるとき、日帝強占期の日本の韓半島支配は規範的観点から不法な強占に過ぎず、日本の不法な支配による法律関係のうち、大韓民国の憲法精神と両立しえないものはその効力が排斥されると解さなければならない。そうであれば、日本判決の理由は日帝強占期の強制動員自体を不法であると解している大韓民国憲法の核心的価値と正面から衝突するものであり、このような判決理由が含まれる日本判決をそのまま承認する結果はそれ自体として大韓民国の善良な風俗やその他の社会秩序に違反するものであることは明らかである。したがってわが国で日本判決を承認し、その効力を認定することはできない。

　以上の説明で、2018年大法院判決に関して注目すべき最大の論点は、大法院判決の主柱である植民地支配の不法性判断であることをご理解いただけたと思います。判決は、それを基礎にして、なぜ被告企業に責任があるのかを詳しく説明しています。判決は、「不法な植民支配」下で、侵略戦争と密接にかかわる強制動員の被害者が被った人道に反する不法行為を認定し、その責任を引き受けるべきだ、と日本企業に問いかけているのです。ですから、この「不法な植民支配」という主柱を除いてしまっては、大法院の判断の本質を理解できなくなってしまいます。大法院判決が植民地支配責任の履行をこそ求めていることに注目すべ

---

[6] 前掲拙著『「徴用工問題」とは何か？』からの引用（75-76頁）。

15

きなのです。

日本政府の立場
　ところが、日本では、大韓帝国は、1910 年 8 月の韓国併合条約によって大日本帝国に合法的に併合され、植民地となったとされてきました。

① 佐藤首相の国会答弁（1965 年）
　佐藤栄作首相（当時）は、日韓基本条約（1965 年）等に関する国会審議の際、併合条約について

　　「対等の立場で、また自由意思でこの条約が締結された、かように
　　思っております」

と答弁しました（衆議院特別委員会 1965 年 11 月 5 日。本書末尾の〈資料〉参照）。

② 石橋議員の日本政府批判（1965 年）
　この国会審議のときですが、佐藤首相答弁を批判して、石橋政嗣衆議院議員（社会党）は、以下のように厳しく政府を追及したのです。日本国内でも、野党第一党の社会党が併合条約についての韓国側の「最初からなかったものだという主張」をあげ、以下のとおり疑義を唱えていたのです。このことは、記憶にとどめておくべきだと思います。

　　「そこに問題があるのです。総理は、今回のこの審議を通じまして、
　　盛んに隣国との友好関係の確立、善隣友好ということを説かれております。しかし、いまお尋ねをいたしましたこの併合条約が対等の立場
　　で自主的に結ばれておるというような意識の中から、真の善隣友好な
　　どというものは私は確立できないと思うのです。いつから条約が無効
　　になるのかというようなことは、非常に事務的なもののような印象を
　　受けます。しかし、韓国側があれほど非常にきびしく、最初からなか
　　ったものだという主張をするその裏にある国民感情というものを理

16

解できないで、どうして善隣友好を説くことができるかと私は言いたいのです。あなたはいま対等の立場で結ばれた条約だとおっしゃいましたが、当時のいきさつがいろいろなものに出てきておりますから、私、その中で、特に伊藤博文特派大使が当時の韓国の皇帝と会いましたときの会談を日本の天皇陛下に報告するという形で残しておりますものをちょっと読んでみたいと思います。これは外務省編さんの日本外交文書第三十八巻に載っておるものです。最初のほうは省略いたします、文書でお配りいたしますから。

　以上のごとく陛下の哀訴的情実談はほとんど幾回となく繰り返され、底止するところを知らず。大使はついにそのあまりに冗長にわたることを避け次のように言っております。

大使　　本案は帝国政府が種々考慮を重ねもはや寸毫も変通の余地なき確定案にして......今日の要は、ただ陛下の御決心いかんに存す。これを御承諾あるとも、またあるいはお拒みあるともごかってたりといえども、もしお拒み相ならんか、帝国政府はすでに決心するところあり。その結果は那辺に達すべきか。けだし貴国の地位はこの条約を締結するより以上の困難なる境遇に座し、一そう不利益なる結果を覚悟せられざるべからず。

陛下　　朕といえどもあにその理を知らざらんや。しかりといえども事重大に属す。朕いまみずからこれを裁決することを得ず。朕が政府臣僚に諮詢し、また一般人民の意向をも察する要あり。

大使　　一般人民の意向を察する云々のごさたに至っては奇怪千万と存ず。......人民の意向云々とあるは、これ人民を扇動し、日本の提案に反抗を試みんとのおぼしめしと推せらる。これ容易ならざる責任を陛下みずからとらせらるるに至らんことをおそる。何となれば貴国の人民の幼稚なる、もとより外交のことに暗く、世界の大勢を知る道理なし。はたしてしからば、ただこれをしていたずらに日本に反対せしめんとするにすぎず。昨今儒生のやからを扇動して秘密に反対運動をなさしめつつありとのことは、つとにわが軍隊の探知したるところなり。　これはほんの一部分であります。全文ここに持っておりますけれども......。

こういうような態度で韓国の皇帝に迫って、そうして締結した条約、そういう条約を、対等の立場で自主的に結んだんだというような意識では、これはどうしたって善隣友好などというものを確立することはできないということを言いたいのです。

　聞くところによりますと、昨日自民党の方が呼ばれた参考人の方は、今度の日韓会談を、こういうたとえで評したそうであります。すなわち、押し売りの暴力団が玄関先にすわり込んだ、そのときに対処する方法は三つしかない、一つは、一一〇番に電話をするか、警官に引き渡す、もう一つは、こちらも暴力を用いて力でやっつける、第三は、金一封を包んでお引き取り願う、この三つしかない、今度の日韓会談の妥結は、第三の金一封の道を選んだんだ、これで李ラインのほうはお引き取り願ったけれども、竹島はいまだに居残っておる、こういう表現を用いたということを私聞きました。このような考え方を持っておる賛成論、韓国のほうで聞いたら何と思いますか。私は、自民党の中からこのような考え方に対して一言たしなめることばがあってしかるべきだと思います。それもないということは、いまあなたの意識の中に、併合条約が対等であり、自主的に結ばれたものであるというような、そういうものと一脈通ずるものがあるのです。私は非常に危険だと思います。もう一度御再考をお願いいたしたいと思います。」

　石橋議員のこのような批判にもかかわらず、佐藤首相は立場を変えなかったのです。この国会での審議は、歴史的なできごととして、きわめて重要です。ながく記憶にとどめるべきことですから、国会議事録の記録を本書の末尾に〈資料〉として掲載します。

　石橋議員が政府批判の根拠として挙げている文献は、1905 年 11 月 17 日付の「日韓協約」（これは、筆者の研究で存在しないことが明らかになりました）の締結を当時の高宗皇帝に強制しようとした際、伊藤博文が高宗皇帝に加えた脅迫に関する裏付け資料の一つです。この報告書は、伊藤博文が明治天皇に提出したものですから、必ずしもすべての真相を記述しているとも思われません。実は、その報告書の草案には、高宗が最後まで締結に同意しなかったと書かれていたことが歴史家の研

究で明らかにされてきています。ですから、真相を隠蔽した部分もあったと思われるのです。1910年併合条約の締結の際の記述ではなく、それに至る経過〔1905年11月〕に関する文献であることを押さえておく必要があると思います。しかし、この1905年11月の脅迫事件は、1910年併合条約の締結（後述する通り、無効だったと考えられます）に至る一連の全経過のはじまりだったと評価することができます。ですから、石橋議員の批判が的外れだったとは言えないと思います。

　これよりも前の時代にさかのぼりますが、1965年までの日韓交渉の間も日本政府の法的な立場は、一貫して同じでした。筆者は、不法行為についての賠償問題と関連して1965年日韓請求権協定締結に至る経過について研究しましたので、その成果を報告しました[7]。

　日本政府の立場は、併合条約に基づく日本による植民地支配には何ら違法性はなく、不法行為として賠償すべき理由はないという姿勢で一貫していたことがわかりました。

③ 日韓交渉の間の日本政府の立場（1953年）

　筆者の研究成果の一つは、日韓交渉の中で、久保田貫一郎が

　　　「日本の不法行為が明らかになった場合は賠償する」

という趣旨の発言をしていたことを資料（原本）に基づいて裏付けたことです[8]。

　これまで日本政府は、日韓交渉以来、併合条約の合法性と植民地時代に「慰安婦」問題をはじめ不法行為がなかったことを主張し続けてきましたが、日韓会談の中で植民地支配を肯定した「妄言」で有名な久保田貫一郎が、東南アジア占領中の不法行為を認めながら、韓国においても

[7] 前掲拙著『「徴用工問題」とは何か？』からの引用（116—126頁）。
[8] この調査研究は、東北亜歴史研究財団の助成により可能になった。同財団のご協力に感謝します。なお、この調査研究は、2009年1月20日東京で開催された戦後補償フォーラム「戦後補償裁判の現況と今後の課題 2008・2009年戦後補償裁判の到達点と課題を考える」において発表した。

「不法行為があったら賠償する」という発言をしていたのです。日韓交渉当時、「慰安婦」問題はまだその事実が明らかになっていなかったのですから、「（不法行為の）事実が明らかになったら賠償する」という発言は決定的に重要な意味を持つものです。当時は、強制動員に関しても、ILO29号強制労働条約違反のILOによる認定がされていませんでした。ですから、これも同様に新しい問題と言えるでしょう。

　このことを最初に明らかにしたのは、1992年の韓国の『東亜日報』の次のような報道でした。

東亜日報1992年6月16日報道（1面トップ記事。韓日会談記録の久保田発言の部分【写真1】、および金溶植前外務部長官の写真入）の日本語訳

　　〈日本、53年「日帝不法行為責任」表明　挺身隊等賠償根拠ある〉
　　〈当時日本代表久保田発言録初めて確認〉
　　〈65年請求権妥結のとき議論にならず、政府レベルの再協議開く必要〉
　　〈金溶植前外務部長官本誌インタビューで真相公開〉
　韓日国交正常化のための交渉が続いていた去る53年の韓日会談で、日本側は、日帝の韓国人に対する不法行為が明らかになった場合、賠償する意思があることを公式に表明していた事実が最近明らかになった。〈2面に関連記事〉
　これは最近、韓日間の懸案となっている従軍慰安婦および日帝の韓国人に対するその他の不法行為に対する賠償問題と関連し、韓国政府が日本側に交渉再開を求めることができる主要な根拠にすることができるという点で大きく注目されている。
　また、去る65年の日韓基本条約締結以降、韓国が対日請求権の行使によって受けた無償3億ドル、有償2億ドルには、日帝の不法行為に対する賠償は含まれていないという新しい主張も出てきて、今後、韓日間の新しい争点になるとみられる。
　現在、日本政府は、65年に締結された日韓基本条約で韓国のあらゆる対日請求権問題が一括妥結されたという立場の下、政府レベルの賠償を拒否しており、これによって、韓国人被害者は、個別に日本の

裁判所に賠償訴訟を提起している。

　このような事実は、去る51年から57年まで駐日代表部の首席公使にありながら、 2次と3次韓日会談の首席代表を務めた金溶植前長官（79歳）が15日、本紙ともった韓日会談に関するインタビューで明らかにした。

　金前長官は、去る53年10月13日午前10時40分から午前11時55分までに、日本の外務省で開かれた第3回本会談の第2回の本会議で久保田貫一郎日本側の首席代表が「今後、日本側の不法行為の事実が明らかになる場合は、賠償をする」と公式に約束したと証言した。

　このような発言内容は、現在、外務部が保管している韓日会談の会議録に残っていることが確認された。

　本社が確認した、当時、久保田首席代表の発言内容は、「日本は戦争中、東南アジア諸国から略奪したものや破壊したものなどに対して賠償をしようとしているが、日本は韓国ではそのような事実がないので、賠償することはないと思う。もしあるなら、賠償するだろう」と記録されている。当時、この会議には、金前長官をはじめ、崔圭夏前大統領、故洪璡基（前法務部長官）など、韓国側から10人が代表として出席した。

　久保田は、韓国に対する日帝の植民地支配が韓国の発展に寄与した点もあると妄言をした張本人である。

　金前長官は、当時、韓日会談は、太平洋戦争の戦勝連合国側が立てた原則に基づいて、日帝が奪った金塊、文化財および労務者の賃金などの返還を受ける"原状回復"のレベルでのみ交渉が行われたために、従軍慰安婦問題などは韓国側が取り上げなかったと述べた。

　金前長官は、しかし、「賠償問題は取り上げていないだけで、放棄したわけではないので、今からでも、韓国政府はこの問題についての交渉を日本側に要求しなければならない」と述べ、「日本から得た無償援助3億ドル、有償援助2億ドルは、主に"原状回復"問題を議論した日韓会談の過程を総合して金額を定めたものであるだけで、賠償問題は含まれていない」と強調した。

　彼は、韓日基本条約締結当時、韓国政府が"賠償"の問題などを十

分に考慮せず、政治的にのみ、急いで妥結しようとしたために、今のような問題が発生したと指摘した。

　一方、韓国外国語大学李長熙教授（国際法）は、「久保田首席代表の発言は、日本の国家機関の資格でしたもので、政治的、道徳的な拘束力を当然備えている」と言い、「これを機会に、韓国政府はあやふや姿勢を捨てて、日本側に正式に賠償を要求すべきだ」と言った。

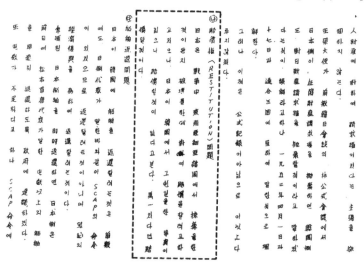

写真1　韓日会談記録の久保田発言の部分（『東亜日報』1992年6月16日付）

韓日交渉記録原本の確認

　実に重大な報道です。しかし、この報道が真実かどうかは、日韓交渉の議事録の原本にあたって確かめる必要があると考えました。

　そこで、筆者は、1998年当時、韓国政府外交文書を保管していた公文書館に対して、その確認を求めました。しかし、当時は、日本政府の求めに応じて日韓交渉経過は秘密扱いとされていて、韓国政府はその閲覧を許可しなかったのです。その後、韓国政府によってこの記録が公開されたことを知り、筆者は、2008年12月再度韓国政府公文書館を訪れ、記録原本と東亜日報に報道された写真の照合を行いました。その結果、東亜日報の報道写真は、日韓交渉記録原本そのものではなかったの

ですが、記載内容は、原本と同一
で、原本をもとに韓国政府外務部
によって作成されたリプリントで
あると推定されました（原本は写
真2、及び3を参照）。

　したがって、金元外務部長官の
説明の根拠とされた非公開文書の
写真の内容は、原本との照合によ
り真実であったことが証明されま
した。日本政府がこの資料と事実
を隠し続けてきただけに、このこ
とが証明できたことは、研究の重
要な進歩であると考えます。これ
を可能にした、韓国政府の関係文
書公開の英断に感謝いたします。

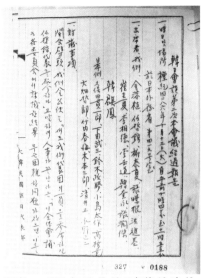

写真2　1953年10月13日午前10時40
分から午前11時55分までに、日本の外務
省で開かれた第3回本会談の第2回の本
会議韓国政府報告書冒頭部分

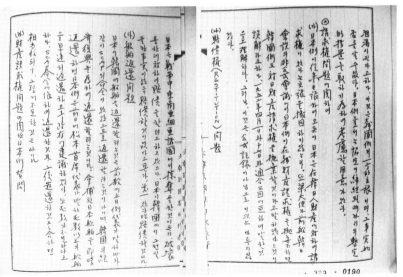

写真3　1953年10月13日午前10時40分から午前11時55分までに、日本の外務省
で開かれた第3回本会談の第2回の本会議での久保田貫一郎日本側の首席代表の問題
の発言部分は、右ページ最終行から左ページ3行目まで。

23

④ 1965 年以降今日までの日本政府の立場は不変

　1965 年の佐藤首相の国会答弁から後、日本政府の植民地支配に関する法的立場（併合条約は合法とするもの）は変更されていません。

　それにもかかわらず、大変興味深いのですが、歴代政権の歴史認識は少しずつ発展してきたのです。長年の自民党支配の政治体制が崩れ、野党共闘による政界再編の時代に入って、歴代政権の歴史認識にも重要な変化がみられるようになったのです。筆者は、『龍谷法学』掲載論文[9]で、戦後の歴代政権の歴史認識についての変遷について述べています。以下は、その抜粋です。

　○　非自民（非共産）連立政権を実現した細川護熙首相は、就任直後の 1993 年 8 月 23 日の所信表明演説で、「過去の我が国の侵略行為や植民地支配などが多くの人々に耐えがたい苦しみと悲しみをもたらしたことに改めて深い反省とおわびの気持ちを申し述べる・・・」と述べたのです。日本の首相が戦争による侵略行為のみならず、「植民地支配」に言及して謝罪したのはこれが初めてでした。

　1994 年 6 月 30 日村山富市社会党委員長が首相に選出され、自民党・社会党・さきがけ（自社さ）3 党連立政権が誕生しました。首相には社会党党首が就任したのです。55 年体制のもとでは考えることさえできなかったこの大連立によって、自民党は最大与党として政権中枢に返り咲くことに成功したのです。

　○　1995 年 8 月 15 日村山内閣総理大臣は、「戦後 50 周年の終戦記念日にあたって」（いわゆる「村山談話」）[10] を公表し、「わが国は、遠くない過去の一時期、国策を誤り、戦争への道を歩んで国民を存亡の危機に陥れ、植民地支配と侵略によって、多くの国々、と

---

[9] 戸塚悦朗「歴史認識と日韓の「和解」への道（その 11）－「記憶・責任・未来」を掲げるドイツモデルによる解決は可能か？」『龍谷法学』第 53 巻 4 号（2021 年）。
[10] 外務省ホームページ https://www.mofa.go.jp/mofaj/press/danwa/07/dmu_0815.html から、2020 年 11 月 30 日閲覧。

りわけアジア諸国の人々に対して多大の損害と苦痛を与えました。私は、未来に誤り無からしめんとするが故に、疑うべくもないこの歴史の事実を謙虚に受け止め、ここにあらためて痛切な反省の意を表し、心からのお詫びの気持ちを表明いたします。また、この歴史がもたらした内外すべての犠牲者に深い哀悼の念を捧げます。」と述べました。村山談話は、細川首相の所信表明演説の内容より詳細かつ明確でした。

○　民主党、社会民主党、国民新党の3党による（非自民非共産）連立政権が実現し、2009年9月16日民主党代表の鳩山由紀夫首相が就任しました。しかし、鳩山首相は2010年6月2日退陣を表明することになりました。そのあとを受けて、6月8日民主党代表の菅直人首相政権が実現したのです。この年は、韓国併合100年の年であったことから、2010年8月10日に菅直人首相が談話を公表しました。以下のように、あと一歩で、日本の韓国に対する植民地支配の不法性を認めるに等しいと思われるほど画期的な歴史認識を表明したのです。

　菅談話の冒頭部分は、次の通りです。

「本年は、日韓関係にとって大きな節目の年です。ちょうど百年前の八月、日韓併合条約が締結され、以後三十六年に及ぶ植民地支配が始まりました。三・一独立運動などの激しい抵抗にも示されたとおり、政治的・軍事的背景の下、当時の韓国の人々は、その意に反して行われた植民地支配によって、国と文化を奪われ、民族の誇りを深く傷付けられました。」

　しかし、そのような歴史認識の深化にもかかわらず、村山首相は、国会答弁で併合条約について不当ではあったが「合法」と述べましたし、菅直人首相は、従来の日本政府の法的な立場を変更するとまでは言っていないのです。

○　2012年12月総選挙で民主党が敗北し、第2次安倍晋三政権

が誕生しました。日本会議など超保守派に賛同する歴史認識が政界を席捲し、時代を戦前に巻き戻すかのような歴史修正主義の嵐によって、逆行がおきてしまったのです。筆者は、第2次安倍政権の発足（2012年12月）以後、日本はそれまでの歴代政権の流れから大きく外れ、全く異質な歴史認識の時代に入りこんでしまったのではないかと恐れています。筆者には、まるで「異世界」に落ち込んでしまったかのように感じられるのです。

　安倍晋三首相による戦後70周年談話（2015年8月14日）[11]は、日本による大韓帝国の植民地化についてどのように述べたのでしょうか。それは、100年以上前の世界を、「植民地支配の波」の時代と見ているのです。あとで詳しく述べますが、大きな問題は、「植民地支配の波」が自然現象のように書かれていることです。日本自らが主体的にこの波を起こして大韓帝国を呑み込もうとしていた重要な事実は、安倍談話には叙述されていないのです。大韓帝国の独立を回復しようと対日自衛戦争を戦って、伊藤博文公爵を射殺した安重根義軍参謀中将がその影の部分を厳しく指摘し、それを罪悪として日本に問いかけていることには全く触れられていないのです[12]。安倍首相の歴史認識は、日本の政策によって、安重根義軍参謀中将が伊藤博文15箇条罪悪によって明確に指摘した歴史的事実、その過程で塗炭の苦しみを味わわされた朝鮮の人々の苦しみには一言も触れず、一切目を向けていないことに注目すべきでしょう。

　2010年8月10日の菅直人首相談話が認めた、「・・・三・一独立運動などの激しい抵抗にも示されたとおり、政治的・軍事的背景の下、当時の韓国の人々は、その意に反して行われた植民地支配によって、国と文化を奪われ、民族の誇りを深く傷付けられました。」

11　首相官邸ホームページ
http://www.kantei.go.jp/jp/97_abe/discource/20150814danwa.html 2010年12月28日閲覧。
12　筆者は、前掲『龍谷法学』論文（その11）で、安倍首相と安重根義軍参謀中将の歴史認識を比較している。

という歴史認識は、安倍談話からはその片鱗も見出すことはできないのです。

　このように、植民地支配についての歴代政権の歴史認識は、1993年以降2010年まで漸進的に進化してきたものの、安倍政権になってからは、沈黙状態になってしまったのです。

　しかし、日本政府の併合条約についての法的な立場は、それが「合法」に締結されたとする点で、1965年の佐藤首相の国会答弁と同じなのです。この点では、1910年併合条約締結以降、今日までこれが「合法」に締結されたという日本政府の法的な立場は変わっていません。そのため、1965年日韓基本条約が、旧条約を「もはや無効」（already null and void）と定めた時以来、その解釈に関する日韓の立場の違いは、ずっと対立したまま今日に至っているのです。

　1965年日韓基本条約第2条の解釈が両国の間で極端に違ったのです。この日韓基本条約の解釈に関する日韓の立場の違いは、日韓関係を本当の意味で正常化することを阻んでいる非常に大きな困難であり続けてきました。日朝交渉が進んでいなかったこともあったでしょう。日本による韓国の植民地支配の法的性格についての歴史認識の面で、日韓の間で大きなずれが解消していないのです。

　同2条は、「1910年8月22日以前に大日本帝国と大韓帝国の間で締結されたすべての条約および協定は、もはや無効であることが確認される。」としています。「もはや無効」（already null and void）とのことばがあいまいで、両国の間で「玉虫色」解釈が行われてきたのです[13]。韓国政府は、該当する日韓の旧条約及び協定は「すべて無効」であり、「原則的に『当初から』効力が発生しない」とする原初的無効説をとっていました。条約等が「過去日本の侵略主義の所産」（1965年8月8日李東元外務部長官の発言）だからと言うのです。

　これに対して、日本政府は、「対等の立場で、また自由意思でこの条

13　金昌禄「韓日条約の法的位置づけ～いかに克服するか～」
http://www7b.biglobe.ne.jp/~nikkan/siryositu/kannichi.doc）

約が締結された」（1965 年 11 月 5 日佐藤栄作首相）として、「『もはや無効である』とは、現在の時点においては、もはや無効となっているという客観的な事実をのべたものに過ぎない」と言うのです。

　ところが、2018 年大法院判決の判断は、佐藤首相答弁と明らかに矛盾しているのです。これに何の反論もしなければ、「**不法な植民支配**」とする判決の判断について日本政府が（黙示の）承認をしたと解釈されかねません。

　それにもかかわらず、なぜ安倍政権は、大法院判決が問いかけている「**不法な植民支配**」とする判断について沈黙し続けていたのでしょうか？

第3章　言葉の魔法？

　安倍首相は、原告側が被告企業の資産を差し押さえたことに対して、「極めて遺憾。政府として深刻に受けとめている」と語り、判決を「国際法に照らして、ありえない判決」と批判し（朝日新聞デジタル 2019 年 1 月 6 日）、韓国側が 1965 年請求権協定によって解決済みの問題を蒸し返していることが国際法違反だと示唆しました。この論理によると、韓国の国際法違反によって日本が被害を受けている、と韓国を非難したことになります。

「不法な植民支配」判断の重要性

　しかし、大法院判決が問いかけている被害加害関係は、逆なのです。判決によれば、被害者は、日本による**不法な植民支配**の下で日本加害企業による強制動員によって重大な人身被害を加えられた韓国人であり、**不法な植民支配**による被害については日本が日韓交渉に際して否認し協議に応じなかったので、1965 年協定では解決していない、と判断しているのです。

　不法な植民支配とする判断がなぜ核心的に重要なのでしょうか。2018 年大法院判決は、原告らの被害＝損害賠償請求権について、以下のように言っています[14]。

　　（1）　まず、本件で問題となる原告らの損害賠償請求権は日本政府の韓半島に対する**不法な植民支配**および侵略戦争の遂行と直結した日本企業の反人道的な不法行為を前提とする強制動員被害者の日本企業に対する慰謝料請求権（以下「強制動員慰謝料請求権」という）であるという点を明確にしておかなければならない。原告らは被告に対して未払賃金や補償金を請求しているのではなく、上記のような慰謝料を請求しているのである。

---

[14] 前掲拙著『「徴用工問題」とは何か？』からの引用（81-83 頁）。

これに関する差戻し後原審の下記のような事実認定と判断は、記録上これを十分に首肯することができる。即ち、①日本政府は日中戦争や太平洋戦争など不法な侵略戦争の遂行過程において基幹軍需事業体である日本の製鉄所に必要な労働力を確保するために長期的な計画を立てて組織的に労働力を動員し、核心的な基幹軍需事業体の地位にあった旧日本製鉄は鉄鋼統制会に主導的に参加するなど日本政府の上記のような労働力動員政策に積極的に協力して労働力を拡充した。②原告らは、当時韓半島と韓国民らが日本の不法で暴圧的な支配を受けていた状況において、その後日本で従事することになる労働内容や環境についてよく理解できないまま日本政府と旧日本製鉄の上記のような組織的な欺罔により動員されたと認めるのが妥当である。③さらに、原告らは成年に至らない幼い年齢で家族と離別し、生命や身体に危害を受ける可能性が非常に高い劣悪な環境において危険な労働に従事し、具体的な賃金額も知らないまま強制的に貯金させられ、日本政府の苛酷な戦時総動員体制のもとで外出が制限され、常時監視され、脱出が不可能であり、脱出の試みが発覚した場合には苛酷な殴打を受けることもあった。④このような旧日本製鉄の原告らに対する行為は、当時の日本政府の韓半島に対する**不法な植民支配**および侵略戦争の遂行と直結した反人道的な不法行為に該当し、かかる不法行為によって原告らが精神的苦痛を受けたことは経験則上明白である。

　核心的に重要なことは、大法院判決が「原告らの損害賠償請求権は日本政府の韓半島に対する**不法な植民支配**および侵略戦争の遂行と直結した日本企業の反人道的な不法行為を前提とする強制動員被害者の日本企業に対する慰謝料請求権（以下「強制動員慰謝料請求権」という）であるという点を明確にしておかなければならない。原告らは被告に対して未払賃金や補償金を請求しているのではなく、上記のような慰謝料を請求しているのである。」と判示していることなのです。ここからわかることは、判決が「日本政府の韓半島に対する**不法な植民支配**」をこそ、この被害の判断の根本的な主柱としてとらえていることなのです。

もう一つの重要なポイントがあります。「日本植民支配の不法性」を根拠とする賠償問題こそが日韓交渉（韓国側が提示した8項目）でも、1965年協定によっても扱われなかったことなのです。2018年大法院判決は、なぜ原告らの被害が1965年協定（韓国側が提示した8項目）に含まれていないのかについて、以下のように言っています[15]。

　② サンフランシスコ条約締結後、ただちに第一次韓日会談（1952年2月15日から同年4月25日まで）が開かれたが、その際に韓国側が提示した8項目も基本的に韓日両国間の財政的・民事的債務関係に関するものであった。上記の8項目中第5項に「被徴用韓国人の未収金、補償金およびその他の請求権の返済請求」という文言があるが、8項目の他の部分のどこにも、**日本植民支配の不法性**を前提とする内容はないから、上記第5項の部分も日本側の不法行為を前提とするものではなかったと考えられる。従って、上記の「被徴用韓国人の未収金、補償金およびその他の請求権の返済請求」に強制動員慰謝料請求権まで含まれるとは言いがたい。

　③ 1965年3月20日に大韓民国政府が発行した「韓日会談白書」（乙第18号証）によれば、サンフランシスコ条約第4条が韓日間の請求権問題の基礎となったことが明示され、さらに「上記第4条の対日請求権は戦勝国の賠償請求権と区別される。韓国はサンフランシスコ条約の調印当事国でないために、第14条の規定によって戦勝国が享有する『損害および苦痛』に対する賠償請求権を認められなかった。このような韓日間の請求権問題には 賠償請求を含ませることはできない。」という説明までしている。

　④ その後に実際に締結された請求権協定文やその付属書のどこにも**日本植民支配の不法性**に言及する内容は全くない。請求権協定第2条1において「請求権に関する問題は、サンフランシスコ条約第4条（a）に規定されたものを含めて、完全かつ最終的に解決されたこととなる」として、上記の第4条（a）に規定されたも

---

[15] 前掲拙著『「徴用工問題」とは何か？』からの引用（84-86頁）。

の以外の請求権も請求権協定の適用対象になりうると解釈される余地がないではない。しかし上記のとおり日本の**植民支配の不法性**に全く言及されていない以上、上記の第4条（a）の範疇を越えて、請求権、すなわち**植民支配の不法性**と直結する請求権までも上記の対象に含まれるとは言いがたい。請求権協定に対する合意議事録（Ⅰ）2（g）も「完全かつ最終的に解決されるもの」に上記の8項目の範囲に属する請求が含まれていると規定しただけである。⑤ 2005年、民官共同委員会も「請求権協定は基本的に**日本の植民支配の賠償**を請求するためのものではなく、サンフランシスコ条約第4条に基づき、韓日両国間の財政的・民事的債権・債務関係を解決するためのものである」と公式意見を明らかにした。

　大法院判決は、「上記の8項目中第5項に「被徴用韓国人の未収金、補償金およびその他の請求権の返済請求」という文言があるが、8項目の他の部分のどこにも、**日本植民支配の不法性**を前提とする内容はないから、上記第5項の部分も日本側の不法行為を前提とするものではなかった」と言っています。

　さらに、「その後に実際に締結された請求権協定文やその付属書のどこにも**日本植民支配の不法性**に言及する内容は全くない。」と述べています。

　そのうえで、「請求権協定は基本的に**日本の植民支配の賠償**を請求するためのものではなく・・・」という官民共同委員会の公式意見を引用しているのです。

　ここでも、この判決が、「**日本の植民支配の賠償**」こそを問いかけていることがはっきりとわかるのです。

論点のすり替え

　ところが、安倍首相は、大法院判決の主柱である「不法な植民支配」という判断に一言も触れず、「論点のすり替え」によって、1965年日韓請求権協定だけに衆人の注目を集める対応をしました。

　安倍首相は、大法院判決言い渡しの直後である、2018年11月1日

の衆議院予算委員会において[16]、岸田文雄議員からの質問に答えて、以下のように答弁したのです。

　　○安倍内閣総理大臣　　日韓関係については、九月の国連総会の際の文在寅大統領との会談を始めさまざまな機会に、未来志向の日韓関係構築に向けて協力していくことを累次確認してきたにもかかわらず、御指摘の韓国主催国際観艦式における自衛艦旗掲揚の問題や韓国国会議員の竹島上陸、あるいは韓国大法院の判決など、それに逆行するような動きが続いていることは大変遺憾であります。

　　旧朝鮮半島出身労働者の問題につきましては、この問題については、一九六五年の日韓請求権協定によって完全かつ最終的に解決しています。今般の判決は、国際法に照らせば、あり得ない判断であります。日本政府としては、国際裁判も含め、あらゆる選択肢を視野に入れて、毅然として対応していく考えでございます。

　　なお、政府としては、徴用工という表現ではなくて、旧朝鮮半島出身労働者の問題というふうに申し上げているわけでございますが、これは、当時の国家総動員法下の国民徴用令においては募集と官あっせんと徴用がございましたが、実際、今般の裁判の原告四名はいずれも募集に応じたものであることから、朝鮮半島の出身労働者問題、こう言わせていただいているところでございます。

　　日韓の間の困難な諸課題をマネージしていくためには、日本側のみならず、韓国側の尽力も必要不可欠でありまして、今回の判決に対する韓国政府の前向きな対応を強く期待しているところでございます。

　安倍首相は、この答弁の中で大法院判決が指摘した、問題の核心である「**植民支配の不法性**」判断には全く触れていないことに注目してくだ

---

16 第197回国会　衆議院　予算委員会　第2号　平成30年11月1日
https://kokkai.ndl.go.jp/#/detail?minId=119705261X00220181101&current=1　2020年12月29日閲覧。

さい。「旧朝鮮半島出身労働者の問題につきましては、この問題については、一九六五年の日韓請求権協定によって完全かつ最終的に解決しています。今般の判決は、国際法に照らせば、あり得ない判断であります。」と主張し、1965 年日韓請求権協定だけに焦点をしぼって答弁したのです。

　この高度の PR 作戦によって、植民地支配責任の問題は巧妙に隠蔽されてしまったのです。その結果、被害加害関係が逆転するというパラダイムシフトが起きました。日本は、国際法違反の被害者としてふるまい、韓国を加害者に仕立て上げて非難するという離れ業に成功したのです。結局、日本が不法な植民地支配の加害者であって、韓国の強制動員被害者のヒューマンライツ侵害こそが問題の核心なのだという、ことの真相が隠蔽されてしまったのです。

　筆者は、この「ことば」による魔法で、大法院判決の**「植民支配の不法性」**判断が提起する核心的な問題点を消し去った技法は、「論点のすり替え」という言葉では説明しきれないと思います。それは、まさに「アベノマジック」（筆者による造語ですが）とでも言うべきでしょう。これによって、「日本が被害者」で、「韓国が加害者」という逆転が起きていることに注目してください。大法院判決が提起した核心的な問題（被害加害関係）は、それとは全く逆なのです。

第4章　植民地支配が「不法」なワケは？

「不法な植民支配」という結論を導いた大法院による憲法解釈は、韓国の国内法の平面の問題です。しかし、日韓の国際関係が紛争の場になった場合は、国際法上の解釈が問題となり、法の平面が異なってしまいます。そこで、国際法の平面上も日本による韓国の植民地支配は不法だったのか？　という問題を検討する必要があります。

筆者は、前掲『歴史認識と日韓の「和解」への道』（日本評論社、2019年）を出版して、大日本帝国が大韓帝国の独立を奪い実質的な植民地とした1905年11月17日付の「日韓協約」とされている条約は、実際には「存在しない」こと[17]を論証しました。この本は、長い間の研究の報告で相当分量があります。またアカデミックな論文の合本ですから、一般の読者には読みにくいかもしれません。

そこで、そのエッセンスをここでどのように読者に紹介するのがよいかを考えました。結局、コリアネットの「コラム」欄に掲載したエッセイによる方法が最も簡便ではないかと思うに至りました。長さも、内容のわかりやすさも、ちょうど良いと思うのです。コンピューターが手元にあれば、簡単にアクセスできます[18]。コンピューターを持っていない方もおられるかもしれません。コリアネットのご了解をいただき、以下にこのエッセイをそのまま引用して掲載することで、読者の皆さまに読んでいただくことをお願いしたいと思います。

---

[17] 2019年5月以降いくつかの講演等により報告してきた。①前掲拙著『「徴用工問題」とは何か？』第3章（139-176頁）に要約を掲載した。②その他の講演等については、戸塚悦朗「歴史認識と日韓の「和解」への道（その8）―― 2018年韓国大法院判決の衝撃と「植民支配」の不法性判断への対応 ――」『龍谷法学』第53巻1号、223-272頁に報告した。③最近では、戸塚悦朗講演「1905年11月17日付の「日韓協約」は存在しない」「乙巳条約協定締結115周年記念特別研究会」（Zoom）、立命館大学にて2020年11月18日に開催。
[18] ウェブでは、出所（文化体育観光部海外文化弘報院コリアネット）【コラム】戸塚悦朗「1905年11月17日付の「日韓協約」は存在しない」、2020年3月26日
https://japanese.korea.net/NewsFocus/Column/view?articleId=183574&pageIndex=2
2020年12月29日閲覧。

＜1905 年 11 月 17 日付の「日韓協約」は存在しない＞

　2020 年 3 月 26 日は、安重根義軍参謀中将が処刑されてから 110 周年の日になります。安重根義軍参謀中将は、1909 年 10 月 26 日、日本による韓国の植民地化の過程を主導した伊藤博文公爵をハルビン駅で射殺した韓国人独立運動活動家です。日本による裁判で 1910 年 2 月 14 日に死刑判決を受け、同年 3 月 26 日に処刑されました。

　それにもかかわらず、安重根の人物の大きさ、思想家としての資質、芸術的な才能などを崇敬する日本人も少なくありません。

　しかし、日韓の間では、安重根義軍参謀中将についての評価が 180 度違うのです。韓国では、独立運動の英雄とされていますが、日本では伊藤博文公爵を「暗殺」した「テロリスト」とされています。本当にこの評価が正しいのでしょうか？

　大日本帝国の支配下にあった関東都督府地方法院が裁判管轄権を持っていたのかどうかが最大の法的問題点です。裁判官は、1905 年 11 月 17 日付の「日韓協約」（韓国では乙巳五条約とも言われる。写真 1（本書では写真 4）の日本外務省発行による条約集を参照）第 1 条（大韓帝国の外交権を日本の外務省が行い、韓国臣民の外交保護権も日本の領事が持つとするもの）を根拠にして、ハルビンの日本総領事に裁判管轄権があったと判断したのです。その結果、裁判官は、韓国人である安重根に日本刑法の殺人罪を適用して死刑を言い渡しました。しかし、この裁判には重大な欠陥があります。

　1963 年国連総会向け国連国際法委員会（ILC）報告書では、日本（伊藤博文が主導）が大韓帝国の代表だった皇帝や閣僚ら個人を脅迫して締結を強制したということが、条約の無効原因とされたのです。

　結果的に日本の裁判所は、安重根裁判の裁判管轄権を所有する法的な根拠がなかったということになります。

　その他にも、「安重根裁判が不法な裁判だった」という主張を裏付ける重要な論点があります。1905 年 11 月 17 日付の「日韓協約」の存否の問題です。

　日本政府が保管する日本語版条約文原本の文面の 1 行目は、空白に

外部大臣　李夏榮㊞　　　特命全権公使　林権助㊞

Minister of State for Foreign Affairs.
The 13th day of the 8th month of the 9th year of Kwang-Mu.

日韓協約

明治三十八年十一月十七日京城ニ於テ調印（日、韓文）
同年同月二十三日告示

日本國政府及韓國政府ハ兩帝國ヲ結合スル利害共通ノ主義ヲ鞏固ナラシメンコトヲ欲シ韓國ノ富強ノ實ヲ認ムル時ニ至ル迄此目的ヲ以テ左ノ條款ヲ約定セリ

第一條　日本國政府ハ在東京外務省ニ由リ今後韓國ノ外國ニ對スル關係及事務ヲ監理指揮スヘク日本國ノ外交代表者及領事ハ外國ニ於ケル韓國ノ臣民及利益ヲ保護スヘシ

韓日協商條約

光武九年十一月十七日於京城調印

日本國政府及韓國政府ㄴ兩帝國을結合하ㄴ利害共通의主義를鞏固케함을欲하야韓國의富強之實을認할時에至하기까지此目的으로써左開條款을約定함

第一條　日本國政府ㄴ在東京外務省을由하야今後에韓國이外國에對하ㄴ關係及事務를監理指揮함이可하고日本國의外交代表者와領事ㄴ外國에在하ㄴ韓國의臣民及利益을保護함이可함

CONVENTION.

Signed at Seoul, in Japanese and Corean, November 17, 1905 (38th year of Meiji). Published November 23, 1905.

(Translation.)

The Governments of Japan and Corea, desiring to strengthen the principle of solidarity which unites the two Empires, have with that object in view agreed upon and concluded the following stipulations to serve until the moment arrives when it is recognized that Corea has attained national strength:--

ARTICLE I.

The Government of Japan, through the Department of Foreign Affairs at Tokyo, will hereafter have control and direction of the external relations and affairs of Corea, and the diplomatic and consular representatives of Japan will have the charge of the subjects and interests of Corea in foreign countries.

写真4　最上段は1905年11月17日付「日韓協約」の日本語版。『舊條約彙纂第3巻（朝鮮・琉球）』外務省条約局（昭和9年3月）、204頁。京都大学所蔵

なっており、タイトル「日韓協約」がなかったのです（写真5）。これは、未完成な文書に過ぎなかったのです。言い換えれば、条約文起草段階の原案、すなわち草案でしかなかったのです。結局、1905年11月17日付の「日韓協約」という「条約」は、存在しなかったと考えるのが合理的です。

仮にこの条約が存在すると仮定しても、もう一つの問題があります。大韓帝国の独立と国家主権を奪う重要な条約ですから、当然あるべきはずの条約締結権者（高宗皇帝）による署名や批准が必要なのですが、高宗皇帝による署名も、批准もなかったのです。

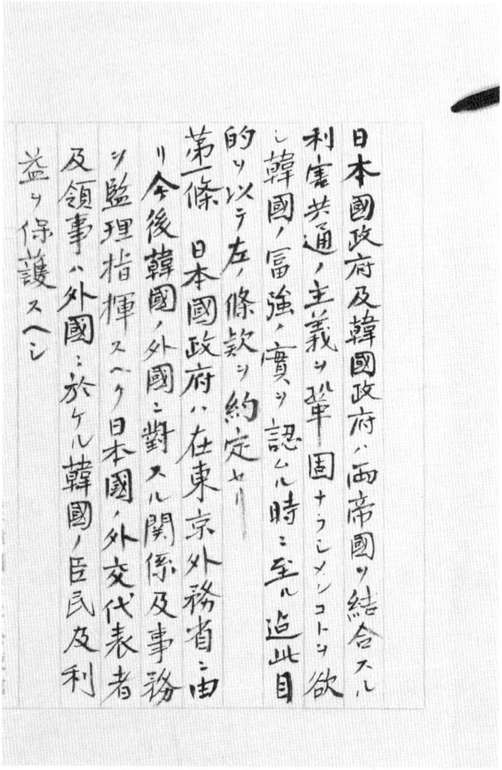

韓国側は批准必要説を唱え、1905 年 11 月 17 日付の「日韓協約」に批准書がないことから、これを無効と主張していました。これに対し、日本側は、1905 年以降の文献に依拠して、1905 年 11 月 17 日付の「日韓協約」の条文に批准をもとめる明文規定がないことを理由に、批准不要説を唱えていました。

写真5　外務省外交史料館所蔵資料。
ウェブサイト：
www.jacar.go.jp/goshomei/index.html
2010 年 6 月 25 日閲覧

私は、1905 年 11 月 17 日より以前の日本の国際法学者の学説を網羅的に調査したのですが、当時の国際法学者の学説は批准必要説一色で、批准不要説は見当たらなかったです。

条約の効力を検討するためには、それ以前の国際法に基づく必要があるという国際法原則である「Intertemporal Law」（時際法）の原則に照らせば、1905 年以降の文献に依拠した学説は説得力がないと言うべきでしょう。

日本による安重根裁判の裁判管轄権の根拠とされた 1905 年 11 月 17 日付の「日韓協約」は存在しない条約だったのです。そうすると、安重根裁判は管轄権がないのに強行された不法な裁判だったと言わざるを得ません。菅義偉官房長官が 2014 年に記者会見で安重根を「テロリスト」と定義づけたのは、正しい評価ではありません。

　安重根義軍参謀中将は、日本による大韓帝国に対する侵略から母国の独立を守るために自衛戦争を戦った義勇軍の将軍だったと評価すべきです。不法な裁判で「死刑」判決を受けたからと言って、「テロリスト」だったと言うのは理屈に合いません。

　安重根義軍参謀中将は、公判の過程で、自らの行為については通常の殺人罪であることは否認し、義軍の参謀中将としての行動だから国際法に基づいて捕虜としての処遇を求め、戦争犯罪に該当するかどうかについての裁判がなされるべきだと主張しました。裁判所はこの主張については無視して判断しませんでした。しかし、安重根は控訴せず、死刑判決が確定したのです。

　これをもう一歩進めると、実際には存在しなかった 1905 年 11 月 17 日付の「日韓協約」を基礎にして締結された 1910 年韓国併合条約も無効だったということになります。

　日韓の人々が歴史認識をめぐる協議と研究を深め、1905 年 11 月 17 日付の「日韓協約」に関する真の歴史認識を共有するよう努力すべきではないでしょうか。

この研究の派生効果

　「1905 年 11 月 17 日付の『日韓協約』は存在しない」というこの発見は、どのような派生効果を生むでしょうか。読者には衝撃的かも知れませんが、論理的には以下の 2 点が言えると、筆者は考えています。

① 　不存在の「日韓協約」を根拠として、1905 年 11 月から大韓帝国が「自由意思」に基づいて合法的に大日本帝国による保護国（実質的な植民地）となったとされてきたのですが、この「日韓協約」が存在しない以上、大韓帝国の条約締結権者の「自由意思」によ

らない保護国化であり、不法な支配（武力による強制的占領）と
評価されます。

② また、不存在の「日韓協約」により創設された「統監」は、不法
な存在でした。その不法な存在であった統監（寺内）が大日本帝
国を代表して署名し、且つ大韓帝国政府を指揮して署名させた
1910 年併合条約は、双方代理[19]により制定されたのです。そればか
りか、大韓帝国側の批准もありませんでした。結局、併合条約
は国際法上無効だったと評価されるべきです[20]。そうすると、
2018 年大法院判決による「不法な植民支配」との憲法判断は、
国際法学の立場からも裏付けられたことになるのです。

---

[19] 同じ人が契約当事者の双方の代理人となって、それぞれの代理行為を行うことは、一
方の利益をはかり、他方の利益を害するおそれがあるので、禁止されている。たとえ
ば、民法 108 条は日本法上の例である。
[20] 歴史学の立場から同様の結論を導いた研究としては、和田春樹『韓国併合 110 年後の
真実　条約による併合という欺瞞』岩波ブックレット（岩波書店、2019 年 12 月）。

第5章　記録（記憶）が消えてゆく

植民地支配についての歴史認識の深化については前述しました。

歴代政権の歴史認識の深化

細川政権以来、日本の歴代政権は植民地支配に関する歴史認識を着実に進め、1995年8月戦後50年の村山首相談話が特に注目されました。併合条約100年に際して出された菅直人首相談話（2010年8月10日）は、「当時の韓国の人々は、その意に反して行われた植民地支配によって、国と文化を奪われ・・・」と述べ、併合条約についての法的立場を変更する一歩手前まで歴史認識を深化させたのです。

ところが、2015年戦後70周年安倍首相談話は、韓国併合条約による植民地支配について沈黙しました。そのことはあとで（第6章）詳しく述べます。

安倍政権の植民地支配に対する沈黙

安倍政権は、前述したとおり植民地支配については完全に沈黙したのです。安倍首相は、2018年11月に国会で、2019年1月にはメディアに対して、論点をすり替えて植民地支配の不法性の問題を無視したまま、1965年日韓請求権協定にのみ焦点をしぼり、大法院判決を非難することによって、日韓の国家間紛争を激化させました。この高度のPR作戦によって、日本が不法な植民地支配の加害者であって、韓国の強制動員被害者のヒューマンライツ侵害こそが問題の核心なのだという、ことの真相が隠蔽されてしまったのです。

菅直人首相談話（2010年）はどこへ？

その直後である2019年2月、菅直人首相談話を首相官邸のHPから静かに削除してしまったのです。とても巧妙なデジタル時代のネガティブなPR戦術を展開したのです。しかし、このことはほとんど知られていません。筆者は、講演のたびにこのことに気が付いている人がどのぐ

らいいるのかを尋ねてみました。しかし、残念ながら、知っている人に出会ったことがありません。これはとても技術的で込み入った問題です。わかりやすい説明が困難なのです。筆者の論文[21]に詳細を譲り、ここではくわしい説明を省略します。興味を持たれた読者は、論文を参照してください。

歴史の忘却の時代と菅義偉政権

　一言で言うなら、「歴史の忘却の時代」が始まったのです。

　このデジタル時代の記録（記憶）の削除事件（2010年8月10日菅直人首相談話の官邸ホームページからの削除）は、デジタル庁新設を唱えている菅義偉現首相が官房長官だった時代に起きました。菅義偉政権のデジタル庁のもとでは、携帯電話の料金は多少安くなるかもしれません。しかし、日本は、ジョージ・オーウェルの『1984年』が描く「ディストピアの世界」に入り込んでしまう可能性があります。メディアが政権によるコントロールを受けるだけではないのです。私たちが、自ら情報を求めようとしても、本当に必要な情報は入手しにくくなる可能性があります。それが知らずしらずの間に進行してしまうのですから、恐ろしいことです。

　筆者は、菅義偉新首相が官房長官だった当時、記者会見で披歴した歴史認識に注目しています。これが菅義偉政権の歴史認識をテストするリトマス試験紙になる可能性があるのです。

　2013年中国政府が韓国政府と協議の上、ハルビンに安重根の記念碑や記念館を設置する計画を公表したときのことでした。安倍内閣の官房長官だった菅義偉氏は、記者会見で安重根義軍参謀中将について、「犯罪者」であり、「死刑判決を受けたテロリスト」だなどと述べて、この計画を進めてきた中韓政府を批判したのです。

　歴史的な記録と記憶を残そうとして、安重根記念館の設置を計画した中国政府とそれを歓迎した韓国政府を批判し、菅義偉官房長官は、

---

[21] 前掲戸塚悦朗「歴史認識と日韓の「和解」への道（その8）」で報告した。

義軍参謀中将として大韓帝国の独立を守る自衛戦争を戦った安重根を
「テロリスト」と切って捨てたのです。

　中国も韓国も大日本帝国時代に植民地支配と侵略による被害を受け
た歴史を記憶しようとする記念館を設置しようとしたのです。その記録
と記憶の展示に反対したこの事件から推論するなら、菅義偉政権は、そ
の他の場合にも、歴史認識に関する記録にも記憶にも反対する政策をと
る可能性があると予想できます。それと関連して、安倍晋三政権と菅義
偉官房長官が指導した日本では、「モリカケ桜」などで、記録の削除、
隠蔽、書き換えが常態化し、さらにはそれを隠すための虚偽答弁が国会
で横行した時代だったのです。そのことを想起する人は少なくないでし
ょう。これらは相互に関連しているのです。

　今回の新首相の選任の過程の中で、菅義偉氏のこの発言を想起した
人々もいるのではないでしょうか。そのことから菅義偉首相の歴史認識
は安倍晋三前首相のそれと大きな違いがないだろうと予測したのは筆
者だけでしょうか。そう考えて、試しに、「安重根　菅官房長官」とい
うキーワードでネット検索してみたのです。果たして、同じような危惧
を持つ人々が少なくないことがわかりました。たとえば、検索のトップ
に上がってきた韓国の人々の反応に関する情報[22]に注目してみるだけ
でもそのような見方が的外れではなかったことがわかります。

　Record China（配信日時：2020 年 9 月 3 日(木) 17 時 20 分）は、「こ
れが菅官房長官の歴史観？　過去の発言に韓国ネット仰天『日韓関係は
終わりだ…』」という記事は、菅義偉氏が自民党総裁選挙で最有力候補
となった時に公表されたが、「韓国・アジア経済」に触れ、「菅官房長官
は 2013 年 11 月 19 日、安重根記念碑の設置に向けた中韓の動きについ
て質問を受けた際に『日本は韓国政府に対し、安重根は犯罪者だという
立場を伝えてきた』と述べ、『記念碑は日韓関係にプラスにならない』
との立場を示していた。また 2014 年 1 月に中国に安重根記念館がオー
プンした際も『安重根は日本の初代首相を殺害し、死刑判決を受けたテ

[22] Record China、配信日時：2020 年 9 月 3 日(木) 17 時 20 分
https://www.recordchina.co.jp/b832946-s0-c10-d0058.html　2020 年 11 月 1 日閲覧。

43

ロリスト』と述べていた。これに対し韓国のネットユーザーからは『ひ
ど過ぎる発言だ』『戦犯国が被害国に向かって犯罪者だと！？』と驚く
声や、『日本にはまともな考えを持つ人がいないのか』『こんな人が次の
首相に？　もう日韓関係は終わりだ』と落胆する声が続出している・・・」
と報道している。

　しかし、安重根義軍参謀中将は、「テロリスト」と言えるのでしょう
か？　前述したとおり、日本の裁判所は、「不存在」の1905年11月17
日付「日韓協約」を裁判管轄権の根拠として、日本国内法（刑法）によ
る死刑判決を下したのです。このような安重根義軍参謀中将に対する裁
判（1910年2月14日）は、裁判管轄権を欠き、不法だったと言わざる
を得ません。そうすると、安重根義軍参謀中将は、違法な裁判で死刑判
決を受け、処刑されてしまったことになります。これは、国家による「殺
人」だったと批判されてもやむを得ません。安重根は、大日本帝国によ
る不法な支配（武力による強制的占領）のもとで、自国の独立のために
義軍参謀中将として対日自衛戦争を戦っていたのです。法廷で彼が主張
したとおり、当時の国際法のもとでも捕虜としての処遇を受ける資格が
あったのです。そのうえで、もし彼を処罰しようとするなら、日本法で
ある刑法によるのではなく、戦争犯罪を犯したか否かについての国際法
による裁判を受ける権利を保障したうえで別の裁判をする必要があっ
たのです。

それではどうすべきなのか？

　大法院判決問題を「記憶・責任・未来」基金が象徴するドイツモデル
に学んで解決しようとする有力な声もあります。

　しかし、安倍政権の継承を旗印に、過去を直視することを拒否し、歴
史認識の記録をも削除したりする政治家には、過去の記憶と責任を未来
に継承しようとするドイツの思想から学ぶことは、きわめて困難ではな
いでしょうか。

　それではどうすべきなのでしょうか？

第6章　過去を未来につなぐには

　「大法院判決問題を『記憶・責任・未来』基金が象徴するドイツモデルに学んで解決しようとする有力な声もある」と書きました。2019年7月のことですが、日本を代表する知識人の一人である宇都宮健児・元日本弁護士連合会会長は、以下のように提言しています[23]。

　　「国家間協定で個人請求権が消滅しないのは国際法における常識」とし、「韓国においては、強制動員による被害の救済のために、強制動員被害の真相究明及び支援のための法律が制定されたが、日本政府においても真相究明と謝罪と賠償を目的とした措置をとるべきである。さらにわれわれは、2007年4月27日に日本の最高裁判所が、強制動員に関わった企業及びその関係者に対し、強制動員の被害者らに対する自発的な補償のための努力を促したことに留意しつつ、既に自発的な努力を行っている企業を評価するとともに、他の企業に対しても同様の努力を行うよう訴える。この際、想起されるべきは、ドイツにおいて、同様の強制労働被害に関し、ドイツ政府とドイツ企業が共同で「記憶・責任・未来」基金を設立し、被害者の被害回復を図ったことである。韓国では、真相究明委員会が被害者からの被害申告を受け被害事実を審査していることから、同委員会とも連携し、日韓両国政府の共同作業により強制動員被害者の被害回復を進めることも検討すべきである。

　「この際、想起されるべきは、ドイツにおいて、同様の強制労働被害に関し、ドイツ政府とドイツ企業が共同で『記憶・責任・未来』基金を設立し、被害者の被害回復を図ったことである。」と、日本がドイツモ

---

[23]ハンギョレ（電子版）［寄稿］「徴用工問題の解決に向けて」　登録:2019-07-22 17:56 修正:2019-07-23 09:11。http://japan.hani.co.kr/arti/opinion/33949.html　2020年10月25日閲覧。

デルによる解決を参考にすれば、戦時強制労働に関する日韓の懸案を解決できるというヴィジョンが提示されたことに注目したいと思います。

　韓国の識者も同様の見解を公表していますが、その詳細は省略します。

　それでは、日韓の識者が注目するドイツモデルの典型である「記憶・責任・未来」基金とは何なのでしょうか。

「記憶・責任・未来」基金

　インターネットで「記憶・責任・未来」基金で検索してみますと、2番目に「コトバンク」の「『記憶・責任・未来』基金とは」がヒットします[24]。

① これによれば、「記憶・責任・未来」基金の概要については、「ナチス政権下で行われたドイツ企業による強制労働被害者らへの補償を行うための基金」であり、「2000年設立。国家賠償ではなく、人道的見地による自発的補償として、2001年から2007年までに、東欧はじめ世界のおよそ100か国の約166万人以上の人々に合計44億ユーロ（2007年当時で約7040億円）を支払った。」とされています。

② この基金の目的と名称の関係については、基金は単に補償だけを目的とせず、過去を直視し迫害の記憶と責任を未来に引き継ぐ目的から「記憶・責任・未来」と命名されたのです。

③ 基金の規模は大きく、「基金総額は101億マルク。強制労働は国策的性格が強かったことからドイツ政府が半額を拠出し、残りをナチス政権下で強制労働を行ったフォルクスワーゲン、ジーメンス、バイエルなどの大手企業のほか約6500社が拠出した。」ということです。

---

24 「『記憶・責任・未来』基金」に関する「コトバンク」（日本大百科全書（ニッポニカ））の解説を参照。
https://kotobank.jp/word/%E3%80%8C%E8%A8%98%E6%86%B6%E3%83%BB%E8%B2%AC%E4%BB%BB%E3%83%BB%E6%9C%AA%E6%9D%A5%E3%80%8D%E5%9F%BA%E9%87%91-1611554　2020年10月25日閲覧。

財団には、ドイツ政府と強制労働に責任がある企業が資金を半額ずつ拠出することによって、基金総額 101 億マルクという巨額の基金が成立したことは、③で述べたとおりです。これが画期的な解決方法を可能とした主柱となりました。ですから、日韓の識者が強制労働問題の解決のためにドイツモデルに期待したことは十分理解できます。しかし、これだけの巨額の基金は何を目的として設置されたのでしょうか？　私たちは、その理由と基礎にある思想をこそ真剣に研究しなければなりません。

　言うまでもなく、この基金は、単に被害者へ補償することだけを目的としていないのです。ドイツの基金は、②で述べられているように、「過去を直視し迫害の記憶と責任を未来に引き継ぐ」ことを目的としているのです。だからこそこの基金に「記憶・責任・未来」基金という名称が与えられたのです。巨額の基金の拠出を可能にしたのは、「記憶・責任・未来」基金という名称が象徴するとおり、「過去を直視し迫害の記憶と責任を未来に引き継ぐ」という目的をドイツの政府も企業も社会も一体となって共有したからこそ可能になったのではないでしょうか。むしろ、この「目的」の共有こそが、基金設立の原動力になっていると考えるべきでしょう。

　まず、この目的と原動力の重要性を理解する必要があるのです。この名称に象徴されるような、歴史認識と思想を共有することこそがドイツモデルによる解決を実現するために必須の条件なのです。そうであれば、日本がドイツモデルの解決をめざすためには、日本の政府と企業と社会が補償のための資金を出資するだけでなく、なぜ出資が必要なのかを深く考えることから始めること、そのうえで「過去を直視し迫害の記憶と責任を未来に引き継ぐ」という目的を共有し、基金創造のための原動力をくみ出すことがまずもって必要なのです。

　そうであるなら、過去と誠実に向き合う歴史認識を抜きにドイツモデルを構想することはできないと思われます。このことを心に刻むことが重要なのです。それこそが、ドイツモデルに学ぶための必須条件であることを確認すること、そこから私たちの思考と行動を始めなければならないでしょう。

日本の政府にも企業にも社会にも、このドイツの基金に匹敵する基金を設立する財力はあります。しかし、日本の政府、企業、社会は、果たして上記のような歴史認識と思想を共有することができるでしょうか？　この問いに答えるためには、以下の3つの問いに答えることが必要になります。

　　①過去を直視しそれを記憶し続けることができるでしょうか？
　　②迫害の責任を承認することができるでしょうか？
　　③迫害の記憶と責任を未来に引き継ぐことができるでしょうか？

　これらを自問することこそが、現在日本が直面しなければならない最大の課題だと思われるのです。

過去を未来に引き継ぐ思想の共有

　このような問いを立てて、現状を見直してみたのです。

　前述したとおり、筆者は、「安倍政権の継承を旗印に、過去を直視することを拒否し、歴史認識の記録をも削除したりする政治家には、過去の記憶と責任を未来に継承しようとするドイツの思想から学ぶことは、きわめて困難ではないでしょうか。」という悲観的な心境になっていました。「筆者は、第2次安倍政権の発足（2012年12月）以後、日本はそれまでの歴代政権の流れから大きく外れ、全く異質な歴史認識の時代に入りこんでしまったのではないかと恐れています。筆者には、まるで『異世界』に落ち込んでしまったかのように感じられるのです。」とも書きました。

　せっかく、大法院判決が戦時の強制動員労働者に対する不法行為被害について、植民地支配の不法性の問題を挙げて日本企業に問いかけたのに、安倍首相は、魔法のようにその問題を消し去ってしまったのです。「①過去を直視しそれを記憶し続けることができるでしょうか？　②迫害の責任を承認することができるでしょうか？　③迫害の記憶と責任を未来に引き継ぐことができるでしょうか？」という3段階の問いの第1段階ですでに躓いてしまうありさまなのです。

日本の潜在力への期待

　日本は、ドイツから自然科学も人文科学も法学も熱心に学んできました。一時期、ナチス政権時代に三国軍事同盟を結んでしまった痛恨の誤りを除けば、ドイツは大変良い先生だったのです。しかし、ドイツは、そのナチス時代の過去の歴史に直面し、過ちを記憶し、それをただす方法論として、「記憶・責任・未来」基金の思想を打ち立てたのです。そのドイツから学ぶための能力・資質が、日本には欠けているのでしょうか？　率直に告白しますと、考えれば考えるほど、「気が遠くなる」ほどの絶望感に襲われてしまいます。

　安倍政権は、「異世界」をつくりあげ、魔法のような PR 戦術によって、植民地支配の歴史に直面する好機を消し去ってしまったのです。

　しかし、それにもかかわらず、日本にはまだ希望があるでしょうか？

　よく考えてみると、日本にはプラスの側面もあるのです。

　第一には、日本国憲法制定以来 2010 年までは、漸進的ではありましたが、日本の歴代政権は、戦争と植民地支配についての歴史認識を着実に深化させてきたのです。

　第二には、その途中でのことですが、1993 年 8 月の河野洋平官房長官談話は、

> 慰安所は、当時の軍当局の要請により設営されたものであり、慰安所の設置、管理及び慰安婦の移送については、旧日本軍が直接あるいは間接にこれに関与した。慰安婦の募集については、軍の要請を受けた業者が主としてこれに当たったが、その場合も、甘言、強圧による等、本人たちの意思に反して集められた事例が数多くあり、更に、官憲等が直接これに加担したこともあったことが明らかになった

と戦時の女性に対する重大な迫害行為に関する事実関係を承認したのです。

筆者は、資料報告[25]の本文中で、河野談話を全文引用しました。歴代政権の歴史認識の流れの中に位置づけてみると、これは、戦争に関する日本政府の歴史認識を飛躍的に進めたものだったと言えます。

　そればかりか、河野談話は、

　　われわれはこのような歴史の真実を回避することなく、むしろこれを歴史の教訓として直視していきたい。われわれは、歴史研究、歴史教育を通じて、このような問題を永く記憶にとどめ、同じ過ちを決して繰り返さないという固い決意を改めて表明する。

としたのです。

　かみしめたいのは、河野談話が、過去を「歴史の教訓として直視し」、「歴史研究、歴史教育を通じて、このような問題を永く記憶にとどめ」、（つまり未来に継承し）、「同じ過ちを決して繰り返さないという固い決意」を表明したことであり、この点に注目すべきです。

　この流れは、過去、責任、未来について、当時（1993年）の日本政府の自主的な姿勢を明確にしています。この思想は、ドイツモデル（2000年設立）のそれに極めて近いのです。上記の三つの問いには、正面から応えることができる内容と質を持っています。

　しかも、忘れてはならないのは、この大切な約束は、保守自民党政権（宮沢喜一首相）が閣議決定までして自ら明らかにしたものであることでしょう。自民党政権がこのように率直に過去の歴史を記憶にとどめ、それを未来に引き継ぐと決意を表明していたのです。

　もし、この約束が長く日本政治の主流となり続けるのであれば、やがてはドイツモデルによる解決を実現する方向に向かって行くでしょう。そのような重要な可能性を秘めた画期的な約束が表明されたのです。

　日本の歴代政権（自民党単独政権時代）には、このような潜在的な力があったのです。それに目を向ければ、日本にも相当大きな可能性

---

25 戸塚悦朗「歴史認識と日韓の「和解」への道（その10）―ILO2018年専門家委員会見解とソウル中央法院に提出された意見書 ―」【資料の続き】『龍谷法学』第53巻3号。

が秘められているとも言えるのではないでしょうか。

　それにしても、いったん「異世界」に入り込んでしまった日本が、この困難な状況を打開して、もともと持っていた日本の潜在力を回復するためには、どうすべきなのでしょうか？　視点を変えて歴史認識の問題への新たなアプローチを検討することはできないでしょうか？

あらたなアプローチ

　そのために、いったん歴代政権の歴史認識の発展の研究から離れて、筆者の個人的・主観的な体験を想起することから再出発してみたいと考えました。

　筆者は、法学のほかに物理学と心理学を学んだことはあったのですが、歴史学の素養はなかったのです。職業としても、もともと弁護士でしたし、国連でヒューマンライツ擁護のためのNGO活動に従事したことはあったものの、日韓の国際関係の研究者でもなかったのです。それがなぜ安重根義軍参謀中将と東洋平和論の研究（そして、日韓の旧条約の研究）を始めるようになったのでしょうか。

　特殊な個人的な体験ではあっても、もしかすると、多くの人々も偶然得た着想[26]から安重根義軍参謀中将や植民地支配問題について学ぶ機会を得ることになるかもしれないのです。多くの人たちが、それぞれの個人的な体験から、全く別の角度から、植民地支配の問題に取り組むことができるヒントを得ることができるかもしれないのです。ですから、あらたな発想や発展を模索する余地を考えることができるのではないでしょうか？

　そう考えると、筆者の経験は、普遍性を秘めているかもしれないと思うのです。最近、そのことについて講演する機会[27]がありました。それをもとに、あらためて振り返ってみたいと思います。

---

[26] Christian Busch, *The Serendipity Mindset*, Penguin, 3 September 2020.
[27] 戸塚悦朗「安重根『東洋平和論』研究は日韓の「和解」への道を拓く ── 忘れてはいけない「菅首相談話」── 」2019年第6回日韓国際学術会議プログラム、テーマ；EU構想の先駆け、安重根『東洋平和論』の21世紀的再評価、第Ⅲ部：ラウンドテーブル「日本は安重根とどう向き合えばよいのか─韓国併合、安重根裁判、東洋平和論をとおして─」龍谷大学大宮学舎・西黌2階大会議室、2019年11月3日（日）13:00から17：00。

安重根義軍参謀中将の遺墨との出会い

　偶然のことだったのですが、筆者が勤務することになった龍谷大学（京都市深草学舎）の図書館の貴重図書保存庫に安重根義軍参謀中将の貴重な遺墨が眠っていることを知ったのです。まるで、安重根義軍参謀中将から遺墨を通して「問いかけ」を受けていたからではなかったのだろうか？　そのように感じる不思議な体験をしたのです。「龍谷大学における安重根東洋平和論研究の歩み：100年の眠りからさめた遺墨」という論文[28]で報告しましたが、それが、以下の研究を始める契機になったのです。

　「呼びかけ」（筆者は「問いかけ」と考えましたが）を受けた者には、「応答」する責任が生じるというのです。どういうことなのか、少し長くなりますが、引用します。哲学者高橋哲哉教授は、次のように述べています[29]。

　　　「呼びかけ」と「応答」は、人間の最も基本的なコミュニケーションです。例えば、路上で倒れて助けを求めている人がいたとしたら、私たちは助けようとします。友人からあいさつされたら、あいさつを返します。その関係は、母親と赤ちゃんから始まっています。このように人間の基本的なコミュニケーションである呼びかけと応答という観点で戦後責任を捉えたとき、私たちは隣人からの訴えを無視できるだろうかということです。

　　　もちろん、助けを求められても無視して通り過ぎ、あいさつされても応えないという選択肢はあります。ですが、そうした態度をとれば、相手との関係は悪化します。周辺国との関係では、もともと

---

[28] 戸塚悦朗、「龍谷大学における安重根東洋平和論研究の歩み：100年の眠りからさめた遺墨（上）」、龍谷大学社会科学研究所社会科学年報第44号、2014年5月、57-66頁。http://repo.lib.ryukoku.ac.jp/jspui/bitstream/10519/5611/1/skk-np_044_006.pdf
戸塚悦朗、「龍谷大学における安重根東洋平和論研究の歩み：100年の眠りからさめた遺墨（下）」、龍谷大学社会科学研究所社会科学年報第44号、2014年5月、67-78頁。http://repo.lib.ryukoku.ac.jp/jspui/bitstream/10519/5616/1/skk-np_044_007.pdf
[29] 高橋哲哉「レスポンシビリティ」としての戦後責任論 ── 歴史を知り、応答することから始まる」情報労連 Report, 2016/08/17　http://ictj-report.joho.or.jp/1608-09/sp01.html　2020年12月31日閲覧。

日本に対して不信感を抱いていたものが、呼びかけに応答しないことで不信感はさらに増大します。果たして、それでよいのかというのが私の訴えでした。

　自分が生まれる前に起きたことについて、謝罪を求められても困るという感覚は理解できます。それでも他者からの呼びかけがある限り、私たちはその呼びかけにどのように応答するかを考えなければなりません。そのためには、まず歴史を知る必要があります。どのように応答するかは、その歴史を知った上でそれぞれが判断を下せばよいのです。このことを踏まえても私は日本が国として謝罪や補償をすべきだと考えています。したがって日本の有権者として政府にそれらの実行を求めていくべきだと訴えました。

　哲学的な思索の裏付けがあるのですから、筆者が個人的な体験と感じていたことは、もしかすると普遍性に連なる可能性を持っているのかもしれません。多分、多くの日本の人たちも似たような体験をするかもしれません。「きっとそうだ」と望みを託したいものです。

　とにもかくにも、筆者は、その責任を果たそうと、次の研究を始めたのではないのでしょうか？　今振り返って、そのように考えてみると、自らがその後この研究を継続してきた経過に納得がゆくのです。

　もしかすると、遺墨を観た学生たちもそのような不思議な体験をするかもしれない。学生たちは、強い「問いかけ」を感じて、深く考え、学ぼうとするかもしれない。そう思って最近の龍谷大学での特別授業[30]では、安重根義軍参謀中将の遺墨を観てどのような問いかけを受けたと感じたか？　と学生たちに質問してみました[31]。回答はまだ見ていないのですが、どのようなものか、楽しみです。

　第 2 の問いかけに出会ったのは、安重根義軍参謀中将の故郷韓国を

---

[30] 戸塚悦朗講義録：「歴史認識と日韓「和解」への道 ── 徴用工問題と韓国大法院判決を理解するために」龍谷大学（深草学舎）『現代社会の諸問題「東アジアの未来：国民国家を超えたグローバル観」』第 4 回 2020 年 10 月 20 日（李洙任教授主催）。
[31] 特別授業の事前クイズ（3 問）の Q1 として、「これまでの授業で安重根義軍参謀中将の行動、遺墨、生涯、東洋平和論などについて学びました。●あなたは、安重根義軍参謀中将はそれらを通じて日本人に何を問いかけていると思いますか？」と尋ねた。

訪ね、安重根が検察官に提出するために書いた「伊藤博文罪悪十五箇條」の碑文[32]（写真 6）に出会った 2008 年 12 月のことでした。（旧）安重根義士紀念館の前庭にたたずむ、箇条書きされた「十五箇條」の 2 番目には、漢文で 1905 年 11 月 17 日の韓国保護条約（？）（碑文では単に「五條約」とされている）を強制した罪が書かれていました[33]。

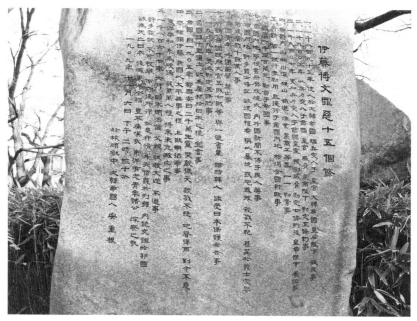

写真 6　「伊藤博文罪悪十五箇條」の碑　2008 年 12 月　（旧）安重根義士紀念館の前庭にて筆者撮影。

　なぜ「韓国保護条約」に（？）を付したのかについて一言述べておきます。石碑に刻まれた安重根による漢文では「五條約」とされています。韓国では「乙巳五條約」と言われることが多いのですが、この条約の名

---

[32] 碑文の日本語訳は、「伊藤博文の罪状　15 ヶ条」として、以下に掲載されている。『安重根義士の生と国を愛するストーリー　獄中自叙伝』安重根義士崇慕会安重根義士紀念館（2013 年）、111 頁。
[33] 前掲獄中自叙伝中の日本語翻訳は、「2.　1905 年、大韓帝国、皇帝陛下を脅迫して五ヶ条を結んだ罪」としている。

称は、不思議なことにいくつもあります。日本では一般に「保護条約」と言われることが多いようです。すでに説明した通り、公式には、外務省発行の条約集では「日韓協約」とされているのです。筆者の研究では、この 1905 年 11 月 17 日付の「日韓協約」の条約文原本が存在しないことがわかりました。そこで、これは「幻の条約」であり、不思議な条約という意味も含め、ここでは（？）を付したのです。

　碑文は、「この条約の研究を極めよ」[34]と筆者に問いかけていたかのようだったのです。

　このとき、幸運にも面会できた金鎬逸（キム・ホイル）名誉教授（当時の安重根義士紀念館館長）から受けた依頼[35]は、龍谷大学所蔵の遺墨のソウルへの貸し出しと安重根裁判の不法性に関する研究という課題だったのです。これが、第 3 の問いかけとなりました。

　龍谷大学によるソウルへの遺墨貸し出しはかなり困難だったのですが、幸いなことに、結局実現しました。その経過は、前掲社会科学年報「100 年の眠りからさめた遺墨」（上）（下）論文で報告しました。安重根裁判の不法性に関する研究の完成にはその後 10 年間もかかってしまいました。「歴史認識と日韓「和解」への道」シリーズの論文（『龍谷法学』に掲載）として継続的に報告しました。2018 年 10 月までに、安重根義軍参謀中将裁判の不法性に関する研究は一応完成したと言える段階に達しました。そこで、2019 年 11 月 5 日（偶然ですが、安重根義軍参謀中将が「伊藤博文罪悪十五箇条」を書いた 110 年後にあたりました）、一連の論文を前掲『歴史認識と日韓「和解」への道』として出版することができたのです。

　それにしても、安重根義軍参謀中将裁判の石碑は、なおも問いかけ続けているように感じています。

---

[34] 筆者は、それまでにこの条約（？）についての研究を慎重に進めていた。たとえば、戸塚悦朗「統監府設置 100 年と乙巳保護条約の不法性―1963 年国連国際法委員会報告書をめぐって―」『龍谷法学』第 39 巻 1 号、2006 年 6 月、15-42 頁など。
[35] これも幸運だったが、同紀念館の職員で日本語が堪能な李恵筠氏が通訳を務めてくれたことからコミュニケーションが可能になった。

石碑が問いかけているもの

　前掲写真の石碑には、安重根義軍参謀中将が挙げた伊藤博文罪悪十五箇条（安重根による 1909 年 11 月 6 日の主張）が刻まれています。これは、安重根義軍参謀中将がなぜ伊藤博文公爵を射殺したのか、その理由を検察官のために列挙したものです。それらは、大韓帝国の独立を守る対日自衛戦争を戦っていた安重根義軍参謀中将が日本に問いかけたかった事由だったのです。それはまた、当時の大韓帝国（そして今の韓国）の人々から見た日韓関係の歴史認識を象徴していると見てよいでしょう。

　そのうちから、1，2 及び 8 を挙げてみましょう。

1、1895 年 10 月 8 日[36]、日本軍ら皇宮（景福宮）に突入、韓国皇后（閔妃のこと）を殺害した罪。

2、1905 年 11 月 17 日、伊藤博文公爵は、日本軍を伴い皇宮（徳寿宮）に突入、高宗皇帝と閣僚を脅迫して、五箇条の条約の締結を強制した罪。

8. 国権回復のために蜂起した大韓国の義士たちと、その家族 10 余万人を殺害した罪。

　これらは、大日本帝国による大韓帝国に対する武力行使（戦争と言ってもよい多数の戦闘行為）であり、重大な主権侵害行為と考えることができます。これらを表で示すと以下のとおりです。

安重根義軍参謀中将の歴史認識表

安重根の伊藤 15 罪悪石碑 （1909 年）	
1895 年	皇宮突入・皇后殺害
1905 年	皇帝脅迫・5 条約を結ぶ
1909 年まで	韓国の義士等 10 余万人殺害

---

[36] このときは伊藤博文が首相だった。第 2 次伊藤内閣は、明治 25 年（1892 年）8 月 8 日成立し、第 5 代総理大臣に就任し、明治 29 年（1896 年）8 月 31 日辞任した。首相官邸ホームページ https://www.kantei.go.jp/jp/rekidainaikaku/005.005.html#link01 2020 年 12 月 20 日閲覧。

安倍晋三首相による戦後70周年談話（2015年）

　それでは、安倍首相は、安重根義軍参謀中将の問いかけに応答しているでしょうか。それを見るために、安倍首相の戦後70周年談話を検討してみたいと思います。この談話は、前掲『歴史認識と日韓「和解」への道』掲載論文シリーズ連載（その４）の（資料１）に掲載しました。これは、今でも首相官邸ホームページに掲載されています[37]。

　それは、100年以上前の世界は、「植民地支配の波」の時代と見ています。伊藤博文が師と仰いだ吉田松陰の歴史認識を引き継いでいます。吉田松陰の時代はいざ知らず、伊藤博文首相の時代には、日本だけがその波にさらされていたのでしょうか？　問題は、「植民地支配の波」が自然現象のように書かれていることです。安重根義軍参謀中将の問いかけている上記表記載の武力行使などによって大日本帝国自らがこの波を起こし、大韓帝国を呑み込もうとしていたのです。その重要な歴史的な事実は、安倍談話には叙述されていないのです。

　安倍談話は、大日本帝国は、明治維新によって中央集権国家を実現し、明治憲法を制定し、近代的な立憲政治を確立したと述べています。富国強兵を標語に欧米列強に追いつこうと努力したこと、そして日本が日露戦争を起こして勝利したことも歴史的な事実です。日露戦争が、アジア・アフリカの人びとを勇気づけたことは半面の事実ですが、それは日本側からの一面的な歴史観でしかないのです。日露戦争の目的は、大韓帝国を保護国とし、事実上の植民地とすることでした。だからこそ、ポーツマス条約の冒頭（第２条）にはそのことが定められたのです。これは大日本帝国にとっては、大戦果であり、光だったかも知れません。しかし、光には影があるのです。安重根義軍参謀中将がその影の部分を厳しく指摘し、それを罪悪として大日本帝国に問いかけていたことには、安倍談話では全く触れられていないのです。

　安倍首相の歴史認識は、日本の政策によって、安重根義軍参謀中将が

---

[37] 前掲平成27年（2015年）8月14日内閣総理大臣談話
https://www.kantei.go.jp/jp/97_abe/discource/20150814danwa.html 2020年12月31日閲覧。

伊藤博文15罪悪によって明確に指摘した歴史的事実、その過程で塗炭の苦しみを味わわされていた大韓帝国の人々の苦境には一切目を向けていません。これを表にすると、以下のとおりです。

安倍晋三首相の歴史認識表

安倍首相による戦後70周年談話（2015年）	
100年以上前の世界	植民地支配の波
大日本帝国憲法 1889年	立憲政治・独立
日露戦争 1904〜05年	AA の人々を勇気づけ
1次大戦 1914〜18年	民族自決の動き
	連盟不戦条約・戦争違法化

安倍首相の歴史認識には、日本による大韓帝国の植民地化の歴史が完全に欠落していることに注目すべきでしょう。それが、見事に不可視化されていることは、安重根義軍参謀中将が天皇に伝えてほしいと検察官に述べた伊藤博文15罪悪の石碑の文面と安倍首相の戦後70年談話を対比する下記の表を見れば、一目瞭然です。

安重根義軍参謀中将と安倍晋三首相の歴史認識比較表

安重根の伊藤15罪悪石碑（1909年）		安倍首相による戦後70周年談話（2015年）	
1895年	皇宮突入 皇后殺害	100年以上前の世界	植民地支配の波
		大日本帝国憲法 1889年	立憲政治・独立
1905年	皇帝脅迫 5条約を結ぶ	日露戦争 1904〜05年	AAの人々を勇気づけ
1909年まで	韓国の義士等 10余万人殺害		
		1次大戦 1914〜18年	民族自決の動き
			連盟不戦条約 戦争違法化

安倍首相は、国際連盟の成立（1919年）、不戦条約の締結（1928年）を第1次世界大戦（1914－18年）の後に挙げているのに、それ以前の国際法の発達には触れていないのです。その時代は、「植民地支配の波」の一言でくくられてしまっています。なぜなのでしょうか？　この安倍史観を読んだ人々は、一見して戦争を違法化する国際法が第1次世界大戦前には全くなかったかのような誤った印象を持ってしまうのではないでしょうか？　安倍首相はそのような一面的な歴史認識を広めたいのかもしれません。

　しかし、安倍史観は、以下のような歴史的事実に目を向けていないのです。カントの平和論の思想は、それよりも一世紀以上前から提唱されていたのです。それは、安重根義軍参謀中将の東洋平和論にも影響を与えた可能性があると指摘されています。不戦条約成立以前の国際社会は、ハーグ平和会議（1899年、1907年）を開催していたのです。その歴史を無視することはできません。欧米列強が中心でしたが、その他の独立国も参加したのです。

　大韓帝国も、いったんは招きを受けて、1907年のハーグ平和会議に参加しようとしていました。しかし、大日本帝国による幻の1905年11月17日付「日韓協約」（いわゆる韓国保護条約）を理由とする妨害により実現しなかったのです[38]。二度のハーグ平和会議は、国際紛争の平和的解決の手続きを定め、常設仲裁裁判所を設立したほか、ハーグ陸戦法規を制定して明文で戦争犯罪を禁止したのです。

　安重根義軍参謀中将は、このような国際法の発展を学んでいたことがうかがえます。だからこそ、彼は法廷で当時の国際法のもとで捕虜としての処遇を受ける資格があると主張しました。そのうえで、彼は日本国内法である刑法によるのではなく、戦争犯罪を犯したか否かについての国際法による裁判を受ける用意があるとまで主張したのです。残念ながら、裁判官も、検察官も、法廷が付した弁護人（二人の日本人）も、彼の問いかけに全く応答しなかったのです。彼が選任した弁護人は、法廷

38　前掲『歴史認識と日韓「和解」への道』掲載論文シリーズ連載（その2）に、1907年ハーグ平和会議への大韓帝国の参加が阻まれた歴史について述べたので、参照されたい。

によって拒否されました。

　筆者は、1905 年以前の日本の国際法学の状況を調査したのですが、欧米諸国の国際法学を深く研究した研究書が多数出版されていたことに感銘を受けました。ヨーロッパから発展した国際法は、帝国主義時代のものだったという限界はあっても、国際社会が全くの無法状態だったのではないのです。そして、日本の国際法学者は、そのことを知っていたのです。残念ながら、大日本帝国政府は、国際法を無視し、そのまま今日に至っているのです。

応答責任を果たす

　安倍首相は、この重要な歴史に言及することを避けていることに注目すべきでしょう。もし、菅義偉首相をはじめとする日本の政治家が、1965 年日韓請求権協定だけに焦点を当てるのではなく、安重根義軍参謀中将の問いかけに対する応答責任を果たそうと考え始めれば、どうなるでしょうか？

　そこまで行かなくても、2018 年大法院判決の「不法な植民支配」という核心的判断による問いかけに応答しようとするだけでもよいのです。日本政府による植民地支配についての歴史認識は、画期的な深化をとげることは疑いないと思います。

　このように日本政府が、応答責任を果たすことが、日韓の真の和解への入り口になると思います。そして、有権者である日本の人々が応答責任を果たすことが、日本政府の姿勢を変えることに連なるのです。

持つべき心構えとは？

　日本の政府と社会、つまり私たちは、どのような心構えを持てば、日韓の関係を友好的なものとすることができるでしょうか。

第 1 に、過去とりわけ植民地支配の歴史的な事実を直視すること。
第 2 に、戦時強制動員被害のような植民地支配責任を引き受けること。
第 3 に、その過去の記憶と責任を未来に継承すること。
　そのような心構えを持つことが求められているのではないでしょう

か。日本社会は、このような心構えを広く共有することから再出発しないと、性急な「解決」を急いでも、また躓いてしまいます。2015年12月の日韓外相合意が「慰安婦」問題の解決を実現できずに、結局失敗してしまったことを想起すべきでしょう。

この合意では、日本政府は、過去に直面するのではなく、(秘密合意の中でですが)「慰安婦」問題が「性奴隷」の問題であるとする国際的な評価を否定することに執着しました。また、過去を記憶するどころか、逆に「少女像」の撤去を韓国側に要求し、歴史の忘却をこそ自己目的化してしまったのです。

その結果、この外相合意は、これを拒否する一部の被害者と被害者支援団体によって受け入れられず、以下のとおり、被害者側全体との和解を実現することに失敗してしまったのです。

2015年日韓外相合意が被害者の権利を実現していないという結果は、次のような韓国の司法判断によって確認されました。

① 2019年12月26日、ソウル高等法院は、「慰安婦」被害者(原告)と韓国政府(被告)の間で継続中だった「慰安婦合意」国家賠償請求事件において「調停に代わる決定」を出しました。そこでは、以下のとおりの確認がされたのです。

「被告は2015年12月28日、韓日外交長官会談合意(以下「慰安婦合意」という)が歴史問題解決において確立された国際社会の普遍的原則に違背し被害者中心主義原則に反するものであり、上記合意により原告らが精神的苦痛を被った点を謙虚に認める。被告は慰安婦合意が日本軍慰安婦被害者問題の真正な解決になりえないことを明らかにして、今後被害者らの尊厳と名誉を回復するため対内外的努力を継続する。」

② 2019年12月27日、韓国憲法裁判所は、以下の決定を出して前記外相合意にもかかわらず「慰安婦」被害者の権利も韓国政府の外交保護権も失われていないことを明らかにしました。

「本件合意は日本軍「慰安婦」被害者問題の解決のための外交的協議の過程での政治的合意であり、過去事問題の解決と韓日両国間の協力関係の継続のための外交政策的判断であって、これに対する様々な評価は政治の領域に属する。本件合意の手続と形式においても、実質において具体的権利・義務の創設が認められず、本件合意を通じて日本軍「慰安婦」被害者らの権利が処分されたとか、大韓民国政府の外交的保護権が消滅したとは言えない以上、本件合意により日本軍「慰安婦」被害者らの法的地位が影響を受けるとは言えない。」

③ 2021年1月8日、ソウル中央地方法院は、日本軍「慰安婦」被害者が日本政府を相手に起こした調停手続きが民事訴訟に切り替えられた事件について、以下のような画期的な判決を言い渡しました。法院の報道資料[39]によりますと、その判決主文は、以下のとおりです。

「ソウル中央地方法院第34民事部（裁判長部長判事ギム・ジョンゴン）は2021.1.8慰安婦被害者ペ○○ら計12人が日本国に対して提起した損害賠償請求訴訟において原告らの請求をすべて認容し、被告日本国が原告らに各1億ウォンずつ支払うよう判決を宣告する。」

注目すべきなのは、この2021年1月8日のソウル中央地方法院判決も、日本の植民地支配の不法性の問題を指摘して、日本に問いかけていることです。

この判決に対する日本政府（菅義偉首相）の反応は予想されたとおりで、①国家主権免除によって却下されるべきである、②1965年日韓請

---

[39] 서울중앙지법 2021. 1. 8. 선고 2016 가합 505092 판결 の山本晴太弁護士による翻訳文から引用。

求権協定によって解決済みである、というものです。そして日本政府は控訴しなかったため、この判決は 1 月 23 日に確定しています。

　なお、2021 年 4 月 21 日には、日本軍「慰安婦」被害者が日本政府を相手に起こしたもう一つの民事訴訟についてのソウル中央地方法院による判決が予定されています。

　日本軍「慰安婦」問題については、もっと多くの検討をしなくてはなりません。ここで述べつくすことは到底できませんので、別途検討することにしたいと思います。ここではこれ以上は述べません。日本政府と社会の反応は、本書でこれまで述べてきた流れを変えるものではないことだけを述べておきます。

　筆者は、未来をひらくために、あるべき歴史認識の原則を以下のように整理しました。

① ”KI MURI KI MUA”「未来のために、過去に目を向ける」（マオリの言葉）。
②「前事不忘　後事之師」（周恩来中華人民共和国元首相）。
③「過去を忘れる者は、現在にも盲目となる」（ワイゼッカー・西ドイツ元大統領）。
④「私たちは、日本と朝鮮半島の 21 世紀を信頼と希望の世紀として創造するために、『世界人権宣言』および『日本国憲法』の理念に基づいて、各自『同胞の精神』をもって行動したいと考えます」（「韓国併合」100 年「反省と和解のための市民宣言」）。

　日本は、この「和解」の失敗を教訓としてかみしめ、上記の歴史認識の原則を心に刻み、過去の記憶と責任を未来に継承しようとするドイツの思想を誠実に学びなおす契機とすることによって、真の日韓友好を実現するために再出発することができると信じます。

あとがき

　本書のまとめとして、日本が植民地支配の不法性を認めたら、何が起きるか？　について述べておきたいと思います。

　筆者は、日本が植民地支配の不法性を認めれば、多くの肯定的な結果を予想することができると考えています。日韓の歩み寄り、日本の東アジアにおいて占める地位にとって大変重要な画期になると思うのです。

　もし、日本が韓国に対する植民地支配の不法性を認めたら、「どこまで落ちてゆくかわからない」という不安感を持つ日本の人たちは少なくないでしょう。多くの日本人は、「不法性を認めたとたんに、いくら賠償を取られるかわからない」というような強い不安感を持っているようです。そのため、「なにがあっても、不法性を認めることはできない」という結論に飛躍してしまうのでしょう。

　しかし、よく考えてみると、その様な不安は根拠に乏しいことがわかるでしょう。そのことを前掲著書『「徴用工問題」とは何か』の最後に書きました。

　もし、植民地支配の不法性を認めたら、実は良いことばかり、という側面があるのです。日本の国際関係は著しく好転し始めます。憲法前文が「国際社会において、名誉ある地位を占めたいと思ふ」という希望を掲げています。その夢が本当に実現するのです。虚構を信じながら生きる必要がなくなりますから、日常的にストレスが減ります。子どもの教育にはたとえようがないほど、良い効果があるでしょう。「タブー」に縛られず、発想が自由になるので、学問にも良い影響があります。日本の政治にも好影響を与えます。

　もう一つの側面、「それでは、困難はないのか？」という問題を検討する必要があります。率直に言って、かなり大きな山を乗り越える必要があります。しかし、決断と知恵次第で困難を克服することは可能でしょう。

　基本的には、過去の歴史的事実を認めて、誠実に謝罪することが必要です。ドイツの先例に倣って、これにともなうネガティブな影響は最小

限にとどめることにすることが可能です。

　「慰安婦」問題と戦時強制動員の問題は、ILO条約違反の犯罪で、不法な植民地支配下で起きた重大なヒューマンライツ侵害であって、国際法上の不法行為です（戸塚悦朗『ILOとジェンダー』日本評論社　参照）。韓国への非難をやめて、誠実に協議すれば、解決は十分可能でしょう。

◆ 資料
国会会議録検索システム
https://kokkai.ndl.go.jp/#/detail?minId=105004967X01019651105&current=3
2020 年 7 月 18 日閲覧

第 50 回国会　衆議院　日本国と大韓民国との間の条約及び協定等に関する特別委員会

第 10 号　昭和 40 年 11 月 5 日
https://kokkai.ndl.go.jp/#/detail?minId=105004967X01019651105&current=60

001　安藤覺
○安藤委員長　これより会議を開きます。
　日本国と大韓民国との間の基本関係に関する条約等の締結について承認を求めるの件、日本国と大韓民国との間の漁業に関する協定の実施に伴う同協定第一条 1 の漁業に関する水域の設定に関する法律案、財産及び請求権に関する問題の解決並びに経済協力に関する日本国と大韓民国との間の協定第二条の実施に伴う大韓民国等の財産権に対する措置に関する法律案、日本国に居住する大韓民国国民の法的地位及び待遇に関する日本国と大韓民国との間の協定の実施に伴う出入国管理特別法案、右各件を一括して議題といたします。質疑を行ないます。石橋政嗣君。

002　石橋政嗣
○石橋委員　前回三点ばかりについて質問をいたしたあと、不当な中断を受けたわけでございますが、引き続いていろいろとお尋ねをいたしたいと思います。
　問題は、まず無効となる条約、協定、議定書といったようなものが何件あるか、そのおもなものとともにお答えを願いたいわけです。

003　椎名悦三郎
○椎名国務大臣　この前申し上げたのは、併合条約、それから併合以前の諸条約でそれぞれの規定に従って目的を達成して効力を失ったもの、こう述べたのでありますが、その具体的な条約の名前をあげろというお話でございますから、これは政府当局からお答えいたします。（「待て待て」と呼び、その他発言する者あり）政府委員から申し上げます。

004　藤崎萬里
○藤崎政府委員　一九四八年八月十五日に失効するのは、併合条約一件だけでございます。それ以前の、併合以前の条約は、それぞれ併合の際に失効してしまっておるわけでございます。

005　石橋政嗣
○石橋委員　私たちの理解では、そういうふうには思えないわけです。かりにそういう理屈があるかもしれませんけれども、少なくとも無効となるのは一件だけだというようなことはないと思います。その以前の分も全部含めて、それでは何件あるか、お答えを願いたい。

006　藤崎萬里
○藤崎政府委員　日韓併合の際に失効いたしましたのは五十二件、この独立のときに失効いたしましたのは、併合条約一件のみでございます。

007　石橋政嗣

○石橋委員　この問題は、ほかの点に関連をいたします意味においてお尋ねをしたわけですから、非常にあいまいでございますけれども、質問を次に移したいのでございますが、総理にお尋ねしたいのですが、いまの代表的な一九四八年八月十五日に効力を失うと指摘されております併合に関する条約、これは対等の立場で自主的に締結されたものであるというふうにお考えになっておられるかどうか、この点についてお答えを願います。

008　佐藤榮作

○佐藤内閣総理大臣　対等の立場で、また自由意思でこの条約が締結された、かように思っております。

009　石橋政嗣

○石橋委員　そこに問題があるのです。総理は、今回のこの審議を通じまして、盛んに隣国との友好関係の確立、善隣友好ということを説かれております。しかし、いまお尋ねをいたしましたこの併合条約が対等の立場で自主的に結ばれておるというような意識の中から、真の善隣友好などというものは私は確立できないと思うのです。いつから条約が無効になるのかというようなことは、非常に事務的なもののような印象を受けます。しかし、韓国側があれほど非常にきびしく、最初からなかったものだという主張をするその裏にある国民感情というものを理解できないで、どうして善隣友好を説くことができるかと私は言いたいのです。あなたはいま対等の立場で結ばれた条約だとおっしゃいましたが、当時のいきさつがいろいろなものに出てきておりますから、私、その中で、特に伊藤博文特派大使が当時の韓国の皇帝と会いましたときの会談を日本の天皇陛下に報告するという形で残しておりますものをちょっと読んでみたいと思います。これは外務省編さんの日本外交文書第三十八巻に載っておるものです。最初のほうは省略いたします、文書でお配りいたしますから。

　以上のごとく陛下の哀訴的情実談はほとんど幾回となく繰り返され、底止するところを知らず。大使はついにそのあまりに冗長にわたることを避け次のように言っております。

　大使　本案は帝国政府が種々考慮を重ねもはや寸毫も変通の余地なき確定案にして......今日の要は、ただ陛下の御決心いかんに存す。これを御承諾あるとも、またあるいはお拒みあるともごかってたりといえども、もしお拒み相ならんか、帝国政府はすでに決心するところあり。その結果は那辺に達すべきか。けだし貴国の地位はこの条約を締結するより以上の困難なる境遇に座し、一そう不利益なる結果を覚悟せられざるべからず。

　陛下　朕といえどもあにその理を知らざらんや。しかりといえども事重大に属す。朕いまみずからこれを裁決することを得ず。朕が政府臣僚に諮詢し、また一般人民の意向をも察する要あり。　大使　一般人民の意向を察する云々のごさたに至っては奇怪千万と存ず。......人民の意向云々とあるは、これ人民を扇動し、日本の提案に反抗を試みんとのおぼしめしと推せらる。これ容易ならざる責任を陛下みずからとらせらるるに至らんことをおそる。何となれば貴国の人民の幼稚なる、もとより外交のことに暗く、世界の大勢を知る道理なし。はたしてしからば、ただこれをしていたずらに日本に反対せしめんとするにすぎず。昨今儒生のやからを扇動して秘密に反対運動をなさしめつつありとのことは、つとにわが軍隊の探知したるところなり。　これはほんの一部分であります。全文ここに持っておりますけれども......。

　こういうような態度で韓国の皇帝に迫って、そうして締結した条約、そういう条約を、対等の立場で自主的に結んだんだというような意識では、これはど

うしたって善隣友好などというものを確立することはできないということを言いたいのです。
　聞くところによりますと、昨日自民党の方が呼ばれた参考人の方は、今度の日韓会談を、こういうたとえで評したそうであります。すなわち、押し売りの暴力団が玄関先にすわり込んだ、そのときに対処する方法は三つしかない、一つは、一一〇番に電話をするか、警官に引き渡す、もう一つは、こちらも暴力を用いて力でやっつける、第三は、金一封を包んでお引き取り願う、この三つしかない、今度の日韓会談の妥結は、第三の金一封の道を選んだんだ、これで李ラインのほうはお引き取り願ったけれども、竹島はいまだに居残っておる、こういう表現を用いたということを私聞きました。このような考え方を持っておる賛成論、韓国のほうで聞いたら何と思いますか。私は、自民党の中からこのような考え方に対して一言たしなめることばがあってしかるべきだと思います。それもないということは、いまあなたの意識の中に、併合条約が対等であり、自主的に結ばれたものであるというような、そういうものと一脈通ずるものがあるのです。私は非常に危険だと思います。もう一度御再考をお願いいたしたいと思います。

010　佐藤榮作
○佐藤内閣総理大臣　ただいま石橋君は御意見を交えてお尋ねでございますが、私は、ただいま、善隣友好の関係を樹立したい、これは前向きでものごとを解決したい、こういう気持ちでございます。ただいまの、過去を十分これも検討する、そのことが必要なことだ、これを私も全然必要でないとは申しませんけれども、この過去をせんさくすることも、あまり過ぎますと、これから樹立していこうという将来に、私は、必ずしもあっさりした気持ちになかなかなりにくい、こういう点を十分考えていただきたいと、かように思います。

011　石橋政嗣
○石橋委員　先ほども申し上げましたように、このいつから無効になるかといったような問題が争われておる。向こうは、なかったものと盛んに主張する。そのことばの裏には、いま私がるる申し上げたような心情がひそんでおるのです。これを理解することなくして、形だけ、いわば支配階級だけが御都合主義で握手をしても、善隣友好などというものは絶対に確立できないということを申し上げたいわけなんです。少なくとも、日本の国民と韓国の国民、全朝鮮の国民とが仲よくするということが、これがほんとうの善隣友好だと思うのです。そういう思想で今度の会談は進められておらないし、条約もそういうふうになっていないと私たちは思う。そのほんの一つの例として、いま私は明示したわけであります。しかし、このことは、これから先の質問の中でまた順次お尋ねをしたいと思うわけです。
　そこで、質問に入るわけでございますが、その前に外務大臣に確認をしておきたいことがございます。
　それは、新聞の報道によりますと、李外務部長官が十日ごろ、グエン・カオ・キ南ベトナム首相が十一日ごろ日本を訪問するということでございますが、事実でございますか。

（以下略）

戸塚悦朗（とつか・えつろう）

1942 年静岡県生まれ。
現職：弁護士（2018 年 11 月再登録）。英国王立精神科医学会名誉フェロー。日中親善教育文化ビジネスサポートセンター顧問。龍谷大学社会科学研究所附属安重根東洋平和研究センター客員研究員。
教育歴等：理学士・法学士（立教大学）。法学修士（LSE・LLM）。博士（立命館大学・国際関係学）。
職歴：1973 年 4 月第二東京弁護士会及び日本弁護士連合会入会（2000 年 3 月公務就任のため退会）。薬害スモン訴訟原告代理人を務めた。1984 年以降、国連人権 NGO 代表として国際的人権擁護活動に従事。国連等国際的な舞台で、精神障害者等被拘禁者の人権問題，日本軍「慰安婦」問題などの人権問題に関わり続けてきた。2000 年 3 月神戸大学大学院(国際協力研究科助教授)を経て、2003 年 4 月龍谷大学（法学部・法科大学院教授。2010 年定年退職）。1988 年以降現在までの間、英国、韓国、米国、カナダ、フィンランドの大学で客員研究員・教員を歴任。

日韓関係の危機をどう乗り越えるか？
——植民地支配責任のとりかた——

2021 年 4 月 25 日　　第 1 版第 1 刷発行

著者　　戸塚悦朗

発行　　アジェンダ・プロジェクト

　　　　〒601-8022　京都市南区東九条北松ノ木町 37‐7

　　　　TEL・FAX 075-822-5035　　E-mail　agenda@tc4.so-net.ne.jp

　　　　URL　https://agenda-project.com/　　郵便振替 00980-4-243840

発売　　星雲社（共同出版社・流通責任出版社）

　　　　〒112-0005 東京都文京区水道 1-3-30

　　　　TEL 03-3868-3275　　　FAX 03-3868-6588

印刷　　㈱コミュニティ洛南　〒601-8449　京都市南区西九条大国町 26

ISBN978-4-434-28940-8

【アジェンダ・プロジェクト発行の出版物】

◆社会問題を考える季刊雑誌『アジェンダ　未来への課題』

各号　A5判　定価660円（本体600円+税10%）

第 72 号（2021年春号）　特集　東電福島第一原発事故から10年
第 71 号（2020年冬号）　特集　どう防ぐ？　豪雨災害
第 70 号（2020年秋号）　特集　感染症と向き合う社会
第 69 号（2020年夏号）　特集　STOP！　気候危機
第 68 号（2020年春号）　特集　もう原発は終わりにしよう！
第 67 号（2020年冬号）　特集　日本と韓国－気付くべき過去と築くべき未来

あきらめない。 ヘイトクライムとたたかった 2,394 日
原告手記・徳島県教組襲撃事件

冨田真由美 著

2019年4月21日発行　四六判　404頁　定価1980円（本体1800円+税10%）

　2010年に起きた徳島県教職員組合襲撃事件。ヘイトスピーチ・ヘイトクライムの重大な事件であったにも関わらず、十分な関心を向けられてこなかった。その中で、深刻な被害を受けた著者は、2,394日に及ぶ闘いの道を選んだ。それはまた、同じようにヘイトの被害にあった朝鮮学校や、マイノリティである被差別部落の女性たち、広範な市民との共同と連帯の軌跡でもあった。本書は、いまだ「被害回復」の途上にある著者が渾身の力を込めて世に送り出した共生社会への希望の書である。

沖縄戦に動員された朝鮮人—軍人・軍属を中心にして—

沖本富貴子 編著　2020年9月7日発行　A4判　60頁　定価1200円

　本冊子の特徴は、これまで部分的に明らかにされてきた沖縄戦における朝鮮人に関して、沖縄戦全体の中に位置づけ直し、その全体像を浮かび上がらせたことにあります。徴用された当事者の証言や住民の証言、さらには日本軍の陣中日誌、留守名簿等の史料を総合的に検証し、その実態をあきらかにしています。視覚的にもパネル形式となっていて、分かりやすいものとなっています。
●本冊子は書店では販売しておりません。購入ご希望の方は、アジェンダ・プロジェクトまでご連絡いただくか、アジェンダ・プロジェクトのHPからお申し込みください。

福祉の仕事で35年働き東電の原発事故で人生が変わってしまった
菅野みずえさんのお話

インタビュアー　アイリーン・美緒子・スミス　企画　グリーン・アクション

2021年3月11日 発行　A5版　100頁　定価　1320円（本体1200円+税10%）

　福島県浪江町に住んでおられた菅野みずえさんは、2011年3月11日の東電の福島第一原発事故によって被ばくと避難を強いられました。みずえさんの家のある地域は、強い汚染のため、今も帰還困難区域です。みずえさんはどんな体験をしたのか、どんな症状が出たのか、原発事故で避難するという事はどのようなことなのか。アイリーン・美緒子・スミスさんが丁寧に聞き取った貴重な記録です。